Tapas, Sushi, Antipasti

Tapas, Sushi, Antipasti

Fingerfood aus aller Welt

Jennifer Joyce

Dorling Kindersley Verlag

DORLING KINDERSLEY
London, New York, Melbourne, München und Delhi

Meiner lieben Schwester Deidre gewidmet

Projektbetreuung Jennifer Lane
Bildbetreuung Sara Robin
Gestaltung Andrew Barron
Lektorat Jennifer Jones
Cheflektorat Stephanie Farrow, Penny Warren
Chefbildlektorat Marianne Markham
Projektkoordination Gillian Roberts
Grafik Carole Ash
Programmleitung Mary-Clare Jerram
DTP-Design Sonia Charbonnier
Herstellung Stuart Masheter
Fotos Sian Irvine

Für die deutsche Ausgabe
Programmleitung Monika Schlitzer
Projektbetreuung Nicola Aschenbrenner
Herstellungsleitung Dorothee Whittaker
Herstellung Anna Strommer

Bibliografische Information Der Deutschen Bibliothek
Die Deutsche Bibliothek verzeichnet diese Publikation in der Deutschen Nationalbibliografie;
detaillierte bibliografische Daten sind im Internet über http://dnb.ddb.de abrufbar.

Titel der englischen Originalausgabe:
Small Bites. Tapas, Sushi, Mezze, Antipasti, and other Finger Foods

Übersetzung Karine von Rumohr
Redaktion Kerstin Wendsche

ISBN 3-8310-0878-7

Druck und Bindung South China Printing, China

Besuchen Sie uns im Internet
www.dk.com

Inhalt

Einführung

Derzeit findet in unseren Wohnzimmern eine wahre Revolution statt: Der förmliche Esstisch wird gegen ein entspannteres Beisammensein um den Sofatisch und damit eine neue Art der Unterhaltung eingetauscht. Immer mehr Hobbyköche bieten ihren Gästen ganz ungeniert lediglich eine Auswahl an Vorspeisen und Snacks als Hauptgang an. Sie wenden sich bewusst von dem klassischen Drei-Gänge-Szenario mit großen Fleisch- oder Fischstücken ab und favorisieren stattdessen kleine, aber einfach unwiderstehliche Happen.

Je nach Herkunft heißen diese Gerichte Tapas, Mezze, Antipasti oder asiatisches Streetfood. Doch egal woher die Gerichte kommen, sie haben eines gemeinsam – das Zusammentreffen der Geschmacksrichtungen salzig, süß, sauer und scharf. Ist der Gaumen einmal derart erweckt, können wir nicht mehr anders, als mehr davon zu wollen.

Der verlockende Geschmack ist allerdings nicht der einzige Grund für diese Bewegung zum Sofatisch; es ist auch eine Frage der Lebensart. Ein Abend inmitten einer Vielzahl exotischer Gerichte sorgt für eine geselligere, entspanntere Atmosphäre als das Durcharbeiten vieler förmlicher Gänge. Das kommt denen entgegen, die stilvoll bewirten wollen, aber beengt und ohne großen Esstisch leben. Die zunehmende Beliebtheit von Literatur- oder Mädelsabenden und fröhlichen Treffen mit Freunden verändert allmählich auch Bewirtung und Kochweise.

Tapas, Sushi, Antipasti soll Sie inspirieren. Es experimentiert mit reinen Aromen wie Chilis, Gewürzen, Knoblauch, salzigen Anchovis und frischen Kräutern. Heute reisen die Menschen weiter und öfter und wollen ihre Entdeckungen in fremden Küchen zu Hause leicht nachkochen. In meinen gefragten Kochkursen zu modernen

Bunter Salat mit Rotwein-Kapern-Vinaigrette
(siehe Seite 74)

Nachos mit Krebsfleisch und Gruyère und Tomatensalsa
(siehe Seite 142)

Ethnoküchen wie die der Mauren, des mittleren Ostens, Pazifiks und Südost-Asiens geht es immer auch darum, exotische Vorspeisen als köstlichen neuartigen Bestandteil eines Essens zuzubereiten. Haben Sie keine Angst vor unbekannten Zutaten – es gibt nützliche Websites, die Ihnen helfen können (siehe Seite 224).

Um Hobbyköchen aller Stufen gerecht zu werden, bieten die Rezepte umfassende Tipps für eine sinnvolle Vorbereitung und passende Begleitgerichte, die sich sowohl in Geschmack als auch Zubereitungszeit entsprechen. Lassen Sie sich von den über das ganze Buch verteilten Menüvorschlägen und Cocktail-Ideen zu einzelnen Küchen, wie etwa der japanischen oder der mediterranen, anregen. Auf diesen Seiten finden Sie auch einen genauen Zeitplan, der bei der Vorbereitung helfen soll.

Manche Gerichte sind arbeitsintensiver als andere. Deshalb gibt es sechs Kapitel mit schnellen, einfachen Snacks, die Sie wählen können, wenn Sie mit realistischem Zeitaufwand Ihr Menü erweitern wollen.

Sie finden in diesem Buch meine Lieblingsrezepte. Gerichte, die innovativ und machbar sind und – ganz wichtig – den »Wow-Faktor«

Peking-Rollen mit Entenbrust und Pflaumensauce
(siehe Seite 180)

Himbeermeringuen mit Locken aus weißer Schokolade
(siehe Seite 208)

haben. Ich hoffe, Sie genießen die Zubereitung so sehr wie ich das Kreieren. Ob Sie einzelne Gerichte als Vorspeise wählen oder mehrere zu einem Menü kombinieren – Ihre Freunde werden beeindruckt sein.

Brutzelnd, golden und so knusprig, dass einem das Wasser im Munde zusammenläuft – wenn Frittiertes winkt, ist es unmöglich, sich zu beherrschen. Cremige Dips oder sämige Chili-Saucen bereichern das Geschmackserlebnis. Dieses verlockende, reichhaltige Essen sticht ab vom Alltäglichen und ist perfekt für besondere Anlässe. Genießen Sie die köstlichen Happen ohne Gewissensbisse!

Frittiertes

Frittierte Artischocken auf Römische Art mit Safran-Aioli

Diese Artischocken ähneln nach dem Frittieren exotischen Blüten und schmecken so gut, wie sie aussehen. Nehmen Sie junge, die es im Frühling und Herbst gibt, weil sie schneller zuzubereiten sind als ihre großen Gegenstücke.

ZUTATEN

Saft von 2 Zitronen

20 kleine Artischocken

400 ml Erdnuss- oder anderes Öl

1 TL Salz

1 Portion Safran-Aioli *(Seite 217)*, zum Servieren

Zubereitungszeit 40 Minuten

Ergibt 20 Stück

1 Eine Schüssel mittlerer Größe mit Wasser und dem Zitronensaft füllen. Die harten Blätter der Artischocken abziehen, bis die hellen Innenblätter zu sehen sind. Die Stiele auf 5 cm zurückschneiden und mit einem Sparschäler schälen. Mit Hilfe eines Kugelausstechers das Heu im Innern entfernen. Artischocken in das Zitronenwasser legen, damit sie sich nicht verfärben.

2 Den Ofen auf 150 °C vorheizen. In einem Wok oder einer kleinen Kasserolle mit dickem Boden das Öl erhitzen, bis ein hineingeworfener Brotwürfel sofort zu brutzeln beginnt. Drei Artischocken aus dem Wasser nehmen, auf Küchenpapier abtropfen lassen und mit der Blüte nach unten flach drücken. Im Wok frittieren, bis sie golden sind, dann auf Küchenpapier entfetten lassen. Im Ofen warm halten, während die übrigen Artischocken frittiert werden. Salzen und mit Safran-Aioli servieren.

Vorbereitung

Die Aioli kann bereits am Vorabend zubereitet und im Kühlschrank aufbewahrt werden. Die Artischocken können ebenfalls am Vorabend geschält werden und, in Zitronenwasser gelegt, über Nacht im Kühlschrank stehen. Frittieren Sie sie bis zu 30 Minuten vor dem Verzehr und halten Sie sie im Ofen bei 150 °C warm .

SCHNELL KOMBINIERT

Kleine Garnelen mit Rucola *(Seite 149)* • Gerösteter Knoblauch mit warmem Brot *(Seite 71)* • Getoastetes Brioche mit Lemon Curd *(Seite 214)*

KLEINES BUFFET

Wildpilz-Crostini *(Seite 153)* • Kurz gebratenes Rindercarpaccio *(Seite 128)* • Erdbeeren und Feigen *(Seite 207)*

Kokos-Garnelen
mit Mango-Minz-Dip

Die scharfe Mischung verschiedener frischer Geschmacksrichtungen ist ideal für ein Menü mit indischen und pazifischen Gerichten sowie solchen aus dem Mittleren Osten. Die Garnelen können auch mit anderen Dips *(Seite 216–19)* kombiniert werden.

1 Den Ofen auf 150 °C vorheizen. Garnelen waschen und auf Küchenpapier abtropfen lassen. Maismehl, verquirltes Eiweiß und Kokosraspel in drei Schüsselchen füllen. Garnelen mit Salz und Pfeffer würzen, dann im Maismehl wenden. Überschüssiges Mehl abklopfen, Garnelen in Eiweiß tauchen und zum Schluss in den Kokosraspeln wälzen.

2 In einem Wok oder einer schweren, mittelgroßen Kasserolle das Öl erhitzen, bis ein hineingeworfener Brotwürfel sofort zu brutzeln beginnt.

3 Etwa sechs Garnelen gleichzeitig frittieren, bis sie golden sind, dann auf Küchenpapier entfetten lassen. Im Ofen warm halten, während die übrigen Garnelen frittiert werden. Nach Belieben mit Streifen der Limettenschale garnieren und mit Mango-Minz-Dip servieren.

Vorbereitung

Die Garnelen 1 Stunde vor dem Frittieren vorbereiten und im Kühlschrank aufbewahren. Sie können bis zu 30 Minuten vor dem Verzehr frittiert und im Ofen bei 150 °C warm gehalten werden.

ZUTATEN

500 g mittelgroße oder große Garnelen, geschält, Darm entfernt

125 g Maismehl

4 Eiweiß, leicht verquirlt

125 g Kokosraspel

Salz und Pfeffer

600 ml Erdnuss- oder anderes Öl

1 Portion Mango-Minz-Dip *(Seite 216)*

Schale von 1 unbehandelten Limette, zum Garnieren *(nach Belieben)*

Zubereitungszeit 35 Minuten

Ergibt 20–30 Stück (je nach Größe)

SCHNELL KOMBINIERT

Frischkäse-Dip mit Krebsfleisch *(Seite 71)* • Obst-Fool *(Seite 215)* • Ungeschälte Lychees *(Seite 215)*

KLEINES BUFFET

Kurz angebratene Zimt-Ente *(Seite 124)* • Rote Curry-Suppe mit Kürbis *(Seite 46)* • Himbeermeringuen *(Seite 208)*

Farben

- Leuchtendes Türkis
- Limettengrün
- Beerenrot
- Zitronengelb
- Kräftiges Pink

Für den Tisch

- Bunte Gläser aus Pressglas
- Lichterketten
- Handbemalte Teller
- Bunte Tischtücher
- Servietten mit bunten Streifen

Fiesta Mexicana

Mexikanisches Essen eignet sich ideal für eine herzliche und großzügige Bewirtung, weil es festlich und doch entspannt ist. Würzig, sauer und manchmal süß: Die Aromen dieser Küche sind komplex, aber nie überzogen. Cremige Avocados, rauchige Chilis und saure Limetten sind nur einige ihrer schon ikonenhaft zu nennenden Zutaten.

Keine andere Küche verwendet so viele getrocknete und frische Chilis und jede hat ihren ganz eigenen Charakter. Manche ähneln im Geschmack fruchtigen Trauben, andere sind eher schokoladig oder rauchig und erinnern an Tabak. Sollte ich meine Lieblingschili auswählen, wäre es wohl die Chipotle – eine Jalapeño-Schote, die während des Trocknens geräuchert und anschließend in einer knoblauchhaltigen Tomatensauce eingelegt wird. Sie gibt Salsas, Marinaden und Dips eine geradezu magische Rauchnote. Suchen Sie sich einen guten Internetversand *(siehe unter Versand-Adressen auf Seite 224)* und kaufen Sie gleich mehrere Dosen auf Vorrat.

Kommen Sie beim Tischdecken mit grellen Farben in Festlaune. Pressglas-Gläser in Blau- und Grüntönen sind typisch mexikanisch, und auch handbemalte Teller mit lebendigen, farbenfrohen Mustern passen gut. Tischtücher in kräftigen Farben ergänzen die Dekoration, und natürlich sind selbst gemachte salzige Margaritas obligatorisch!

Aromen

- Chilis – frisch und getrocknet
- Erfrischender Sauerrahm
- Saure Limetten
- Cremige Avocados
- Salsas und Saucen mit Knoblauch

Knabbereien

- Warme gewürzte Mandeln *(Seite 30)*
- Salsa mit Tortilla-Chips *(Seite 70)*
- Pimientos de Padrón *(Seite 30)*
- Möhren-Escabeche *(Seite 216)*
- Marinierte Oliven *(Seite 30)*

Buffet

Chili-Gazpacho mit Sauerteig-Croûtons

Gegrillte Garnelen-Schmetterlinge mit Butter, Limetten und Jalapeños

Knusprige Chorizo-Quesadillas mit Guacamole

Steak-Tacos mit Tomatillosauce

Grüner Spargel in Serrano-Schinken mit Safran-Zitronen-Aioli

Verschneite Schokoladenkekse mit Walnüssen

SCHNELL KOMBINIERT

Wassermelonen-Salat mit Feta *(Seite 93)*

Pimientos de Padrón *(Seite 30)*

Warme gewürzte Mandeln *(Seite 30)*

Chili-Gazpacho mit Sauerteig-Croûtons (*Seite 36*)

Gegrillte Garnelen-Schmetterlinge (*Seite 141*)

Knusprige Chorizo-Quesadillas (*Seite 186*)

Steak-Tacos mit Tomatillosauce (*Seite 178*)

Grüner Spargel in Serrano-Schinken (*Seite 152*)

Verschneite Schokoladenkekse (*Seite 204*)

Zwei Tage vorher

- Möhren-Escabeche zubereiten
- Schokoladenkekse backen

Am Vorabend

- Gazpacho und Croutons zubereiten, separat aufbewahren
- Garnelen putzen und vorbereiten
- Safran-Zitronen-Aioli zubereiten
- Tomatillosauce zubereiten
- Steaks für die Tacos marinieren

Am Morgen

- Limetten für die Margaritas auspressen
- Zutaten für die gegrillten Garnelen klein hacken
- Guacamole zubereiten
- Spargel in Serrano-Schinken rollen

Der Klassiker: Margarita

Kaufen Sie Tequila aus 100 % Agave, wenn möglich. Das zeugt von seiner Qualität und mindert das Risiko, am nächsten Tag mit Kater aufzuwachen.

ZUTATEN

Grobes Salz

1 Limette, in Schnitze geteilt

250 ml Tequila (100 % Agave)

250 ml Orangenlikör, z. B. Cointreau

250 ml frischer Limettensaft

5 EL Zucker

1 große Hand voll Eis

Ergibt 8 große Margaritas

Salz auf einen Teller schütten. Die Glasränder mit den Limettenschnitzen befeuchten und ins Salz drücken. Die übrigen Zutaten im Cocktailbecher oder Mixer gut vermischen. In die Gläser gießen und nach Belieben mehr Eis dazugeben.

Eine Stunde vorher

- Quesadillas zurechtlegen
- Zwiebeln für die Tacos grillen
- Margaritas mixen
- Gazpacho in Tassen füllen und kühl stellen
- Wassermelonen-Salat zubereiten, Dressing noch nicht zugeben

Eine halbe Stunde vorher

- Quesadillas braten
- Steaks für die Tacos grillen
- Pimientos de Padrón zubereiten, anrichten
- Schokoladenkekse auf einen Teller legen
- Mandeln rösten und anrichten
- Spargel-Röllchen auf eine Platte legen

Im letzten Moment

- Margaritas nochmal verrühren, einschenken
- Garnelen grillen und auf einer Platte anrichten
- Quesadillas anrichten
- Steak-Tacos anrichten
- Wassermelonen-Salat mit dem Dressing vermischen
- Gazpacho mit Croûtons servieren

Knusprige Gemüse-Pakoras
mit Tamarinden-Ingwer-Dip

Pakoras gehören zu den wenigen frittierten Gerichten, die sie lange im Voraus zubereiten können und die dabei nicht ihre knusprige Hülle verlieren. Kichererbsenmehl bekommen Sie im Asia-Markt oder gut sortierten Lebensmittelgeschäft.

1 Den Ofen auf 200 °C vorheizen. Beide Mehlsorten mit Backpulver, Gewürzen, Salz und Wasser mischen und zu einem glatten, dicken Teig verarbeiten. Nach Bedarf mehr Mehl einrühren.

2 Im Wok oder einer mittelgroßen Kasserolle mit dickem Boden das Öl erhitzen, bis ein hineingeworfener Brotwürfel sofort zu brutzeln beginnt.

3 Die Gemüsestücke nacheinander in den Teig tauchen und ins heiße Öl legen. Bis zu sechs Stück gleichzeitig etwa 3–4 Minuten frittieren, bis sie goldbraun sind. Dann mit einem Schaumlöffel herausnehmen und auf Küchenpapier entfetten lassen. Bis zum Verzehr im Ofen warm halten. Mit Minze garnieren und mit Tamarinden-Ingwer-Dipsauce servieren.

Vorbereitung

Die Pakoras können bis zu 4 Stunden im Voraus frittiert, bei Zimmertemperatur aufbewahrt und dann im Ofen bei 200 °C 5 Minuten aufgewärmt werden. Die Sauce hält sich bis zu 3 Tage im Kühlschrank.

ZUTATEN

30 g Kichererbsenmehl, bei Bedarf etwas mehr

45 g Mehl

½ TL Backpulver

½ TL Garam Masala *(siehe S. 224)*

¼ TL Kreuzkümmel, gemahlen

¼ TL Kurkuma

¼ TL Chili, gemahlen

½ TL Salz

150 ml Wasser

1 l Erdnuss- oder anderes Öl

25 sehr dünne Scheiben verschiedenes Gemüse: Zwiebel, Kartoffel, Aubergine, junge Artischocke, grüne Bohnen oder Fenchel

Tamarinden-Ingwer-Dipsauce *(Seite 219)*, zum Servieren

Minzzweige, zum Garnieren *(nach Belieben)*

Vorbereitungszeit 15 Minuten

Garzeit 15 Minuten

Ergibt ungefähr 25 Stück

SCHNELL KOMBINIERT	KLEINES BUFFET
Tomaten-Kokos-Sambal *(Seite 92)* • Chutneys und Pickles *(Seite 70)* • Kandierte Fenchelsamen *(Seite 215)*	Heilbutt-Päckchen *(Seite 146)* • Ingwer-Tomaten-Suppe *(Seite 50)* • Himbeermeringuen *(Seite 208)*

Mozzarella en carrozza
mit Kapern

Ein gegrilltes Käse-Sandwich wirkt neben diesen köstlichen kleinen Happen aus Neapel geradezu langweilig. Sauerteig- oder Landbrot sind vielleicht nicht authentisch, sorgen aber für die nötige Bissfestigkeit.

ZUTATEN

500 g frischer Mozzarella, abgetropft, Zimmertemperatur

10 dünne Scheiben Sauerteig- oder Landbrot, Kruste entfernt

1 EL kleine Kapern, abgespült

2 große Eier, verquirlt

60 ml Milch

1 TL Salz

½ TL schwarzer Pfeffer

15 g Butter

1 EL Olivenöl

Vorbereitungszeit 15 Minuten

Garzeit 20 Minuten

Ergibt 20 Stück

1 Den Mozzarella in 1 cm dicke Scheiben schneiden und auf fünf Brotscheiben verteilen. Mit Kapern bestreuen und mit den restlichen Brotscheiben belegen.

2 In einer Schüssel Eier, Milch, Salz und Pfeffer verrühren. Butter und Olivenöl in einer beschichteten Pfanne auf niedrige bis mittlere Temperatur erwärmen. Jeweils zwei Sandwichs gleichzeitig in die Eiermilch tauchen und 2 Minuten braten, bis sie goldbraun sind, dann auf Küchenpapier entfetten lassen. Vierteln und servieren.

Vorbereitung

Die Eiermilch hält sich bis zu 3 Stunden im Kühlschrank. Die Sandwichs können bis zu 30 Minuten vor dem Verzehr frittiert und im Ofen bei 160 °C warm gehalten werden.

SCHNELL KOMBINIERT

Gebratene Chorizo *(Seite 149)* • Marinierte Anchovis *(Seite 30)* • Salat aus Feigen, Prosciutto und Mozzarella *(Seite 92)*

KLEINES BUFFET

Bagna cauda *(Seite 54)* • Dinkelsalat *(Seite 78)* • Artischocken im Blätterteig *(Seite 196)*

Dicke Auberginenstangen
mit Parmesan

Unkompliziert und doch verführerisch: Diese dicken Auberginenstangen werden in Wasser eingeweicht, damit sie nach dem Frittieren knackig bleiben und trotzdem saftig sind.

1 Auberginenstangen in einer großen Schüssel mit kaltem Wasser 1 Stunde einweichen. In einem Wok oder einer schweren Kasserolle das Öl erhitzen, bis ein hineingeworfenes Stück Aubergine sofort zu brutzeln beginnt.

2 Das Mehl auf einen Teller schütten. Auberginen-Stangen aus dem Wasser nehmen und im Mehl wälzen. Überschüssiges Mehl abklopfen. Gleichzeitig vier bis sechs Stangen goldbraun frittieren, dann auf Küchenpapier entfetten lassen. Mit Salz, Pfeffer und Parmesan bestreuen. Dazu die Limettenschnitze anrichten.

Vorbereitung
Die Auberginen können im Voraus frittiert und bis zu 30 Minuten bei 160 °C im Ofen warm gehalten werden.

ZUTATEN

2 große Auberginen, gesäubert und in 2 cm dicke Stangen geschnitten

350 ml Öl

125 g Mehl

Jeweils 1 TL Salz und Pfeffer

6 EL geriebener Parmesan

Limettenschnitze, zum Garnieren

Vorbereitungszeit 5 Minuten plus 1 Stunde Einweichzeit

Garzeit 15 Minuten

Ergibt 20–30 Stangen

SCHNELL KOMBINIERT

Salat aus Radicchio, Orangen und Rucola *(Seite 92)* • Marinierte Oliven *(Seite 30)* • Biscotti, Mascarpone und Dessertwein *(Seite 215)*

KLEINES BUFFET

Junge Venusmuscheln *(Seite 136)* • Bresaola-Birnen-Röllchen *(Seite 188)* • Schokoladenpudding mit Frangelico *(Seite 200)*

Knusprige Jakobsmuscheln
mit Wasabi-Mayonnaise

Die süßlichen Jakobsmuscheln sind leicht, vielseitig und vertragen sich mit den meisten Saucen, versuchen Sie es auch einmal mit anderen Dips *(siehe Seite 216–19)*. Vielleicht haben Sie Lust, statt normaler Semmelbrösel japanisches Panko zu probieren, das Sie im Asia- oder Delikatessenladen bekommen.

1 Die Jakobsmuscheln mit Salz und Pfeffer würzen. Eier, Mehl und Semmelbrösel in drei Schüsselchen füllen. Muscheln im Mehl wenden, überschüssiges abklopfen. In Ei tauchen, dann in den Semmelbröseln wälzen. Bis zum Frittieren im Kühlschrank aufbewahren.

2 In einem Wok oder einer kleinen, schweren Kasserolle das Öl erhitzen, bis ein hineingeworfener Brotwürfel sofort zu brutzeln beginnt. Etwa drei oder vier Jakobsmuscheln gleichzeitig goldbraun frittieren, dann auf Küchenpapier entfetten lassen. Die Frühlingszwiebel in feine Streifen schneiden und mit der Messerkante aufzwirbeln. Die Muscheln mit Frühlingszwiebeln und Limettenschnitzen garniert warm servieren. Dazu Wasabi-Mayonnaise reichen.

Vorbereitung
Sie können die Jakobsmuscheln bereits am Morgen vor dem Verzehr panieren und dann im Kühlschrank aufbewahren.

ZUTATEN

20 mittelgroße oder große Jakobsmuscheln, Rogen entfernt

Jeweils ½ TL Salz und Pfeffer

2 Eier, verquirlt

125 g Mehl

125 g geröstete Semmelbrösel oder Panko

400 ml Erdnuss- oder anderes Öl

Frühlingszwiebel, zum Garnieren

Limettenschnitze, zum Servieren

1 Portion Wasabi-Mayonnaise *(Seite 219)* und/oder Ponzu-Dipsauce *(Seite 217)*

Zubereitungszeit 35 Minuten

Ergibt 20 Stück

SCHNELL KOMBINIERT

Gerösteter Spargel mit Sojasauce *(Seite 172)* • Brunnenkressesalat mit Frühlingszwiebeln *(Seite 93)* • Sushi *(Seite 31)*

KLEINES BUFFET

Glasierte Chicken Wings *(Seite 126)* • Gerösteter Butternusskürbis *(Seite 163)* • Kokosmakronen *(Seite 210)*

Thailändische Maispuffer
mit süßer Chili-Koriander-Sauce

Das schönste Aroma des Spätsommers: Frisch vom Kolben geschnittene Maiskörner mit ihrem intensiven Geschmack. Das Geheimnis der luftigen Puffer ist ein wenig Backpulver.

1 Die Körner von den Kolben schneiden und in einer mittelgroßen Schüssel mit Mehl, Backpulver, gemahlenem Chili, Frühlingszwiebeln, Salz und Pfeffer vermischen. Nach und nach das Bier einarbeiten und alles gut vermengen. Mindestens 30 Minuten ruhen lassen.

2 In einer mittelgroßen, schweren Pfanne oder einem großen Wok das Öl erhitzen, bis ein hineingeworfener Brotwürfel sofort zu brutzeln beginnt. Esslöffelweise den Teig ins Öl geben und etwa sechs Puffer gleichzeitig etwa 5 Minuten frittieren, bis sie goldbraun und knusprig sind. Auf Küchenpapier entfetten lassen. Mit Koriander garnieren und heiß mit der Sauce servieren.

Vorbereitung
Der Teig kann bis zu 3 Stunden vorher zubereitet und im Kühlschrank aufbewahrt werden. Die Chili-Sauce hält sich bis zu 2 Tage im Kühlschrank. Sie können die Puffer auch nach dem Frittieren einfrieren. Dann sollten sie im Kühlschrank aufgetaut und 5 Minuten im Ofen bei 200 °C aufgewärmt werden.

ZUTATEN

5 frische Maiskolben

185 g Mehl

1 TL Backpulver

1 TL Chili, gemahlen

4 Frühlingszwiebeln, in feine Scheiben geschnitten

Jeweils ½ TL Salz und Pfeffer

250 ml Bier

450 ml Erdnuss- oder anderes Öl

Koriandergrün zum Garnieren

1 Portion Süße Chili-Koriander-Sauce *(Seite 218)* oder gekaufte Süße Chili-Dipsauce, zum Servieren

Vorbereitungszeit 10 Minuten

Garzeit 30 Minuten

Ergibt 24 Stück

SCHNELL KOMBINIERT

Frischkäse-Dip mit Krebsfleisch *(Seite 71)* • Sushi *(Seite 31)* • Ungeschälte Lychees *(Seite 215)*

KLEINES BUFFET

Salat aus kurz gebratener Ente und Mango *(Seite 90)* • Fünf-Gewürz-Rippchen mit Hoisin-Sauce *(Seite 132)* • Passionsfrucht-Trifle *(Seite 206)*

Griechische Zucchini-Frikadellen mit Joghurt-Dill-Sauce

Durch die Semmelbrösel bleiben diese Gemüse-Frikadellen knusprig und in Form. Sie schmecken sowohl heiß als auch mit Zimmertemperatur und werden in die erfrischende Joghurt-Dill-Sauce gedippt.

1 Zucchini raspeln, mit dem Salz bestreuen und 30 Minuten in einem Sieb stehen lassen. Den Ofen auf 190 °C vorheizen. 8 EL Semmelbrösel zur Seite stellen, den Rest auf einem beschichteten Backblech verteilen und 10 Minuten unter gelegentlichem Umrühren rösten, bis sie goldbraun und knusprig sind. Abkühlen lassen.

2 Zucchini abspülen und mit der Hand so viel Flüssigkeit wie möglich auspressen. Auf einem sauberen Geschirrtuch ausbreiten und abtupfen. Mit Zwiebeln, Eiern, Feta, den 8 EL Semmelbrösel, Minze und Muskatnuss vermischen und würzen. Mit bemehlten Händen zu 15–18 runden, 5 cm breiten Frikadellen formen. In den gerösteten Semmelbröseln wälzen.

3 In einer Pfanne so viel Öl erhitzen, dass die Frikadellen zur Hälfte im Öl liegen. Wenn ein hineingeworfener Brotwürfel sofort zu brutzeln beginnt, die Frikadellen auf jeder Seite etwa 3 Minuten goldbraun frittieren. Auf Küchenpapier entfetten. Mit Joghurt-Dill-Sauce und Limettenschnitzen servieren.

Vorbereitung
Die Frikadellen können 2 Stunden vor dem Verzehr frittiert und später 5 Minuten bei 200 °C im Ofen aufgewärmt werden. Die Joghurt-Dill-Sauce kann bereits am Morgen zubereitet werden.

ZUTATEN

500 g kleine Zucchini, geputzt
1 EL Salz
175 g Semmelbrösel, am besten frisch gemahlen
6 Frühlingszwiebeln, fein gehackt
2 Eier, leicht verquirlt
100 g Feta, zerkrümelt
40 g frische Minze, gehackt
¼ TL Muskatnuss
Etwas Mehl für die Hände
Olivenöl, zum Frittieren
1 Portion Joghurt-Dill-Sauce *(Seite 216)*, zum Servieren
Limettenschnitze, zum Servieren

Vorbereitungszeit 30 Minuten
Garzeit 12 Minuten
Ergibt 15–18 kleine Frikadellen

SCHNELL KOMBINIERT

Tomaten-Feta-Spießchen *(Seite 31)* • Orientalische Süßigkeiten *(Seite 214)* • Friséesalat mit Wachteleiern *(Seite 93)*

KLEINES BUFFET

Geröstete Garnelen und Tomaten *(Seite 145)* • Pesto aus gerösteter Roter Beete *(Seite 67)* • Bunter Salat *(Seite 74)*

Schnelle Knabbereien

Einfacher geht's nicht

Diese Häppchen sind genau richtig am Beginn eines Abends, während die Gäste eintreffen. Sie sind teuflisch verführerisch, besonders die karamellisierten Nüsse und Crostini. Wählen Sie die Knabbereien nach dem Motto das Abends, der bleibenden Vorbereitungszeit und den Drinks, die Sie anbieten.

Marinierte Oliven

Ich stelle Ihnen hier zwei Rezepte vor, bei denen die Oliven 30 Minuten bis 1 Stunde mariniert und dann serviert werden.
Oliven-Mix 1: 2 Hand voll gute, große, entkernte grüne Oliven mit 2 fein gehackten zarten Selleriestangen, 1 TL Fenchelsamen und 1 in feine Scheiben geschnittenen Knoblauchzehe vermischen.
Oliven-Mix 2: 2 Hand voll gute, entkernte schwarze Oliven mit 2 Streifen unbehandelter Orangenschale, 1 zerdrückten Knoblauchzehe und 1 TL getrocknetem Oregano vermischen.

Pimientos de Padrón

1 EL Olivenöl in einer beschichteten Pfanne erhitzen und darin 3–4 Hand voll kleine, süße grüne Padrón-Schoten etwa 4 Minuten braten. Pfanne regelmäßig schütteln, damit sie nicht haften bleiben. Auf kleinen Tellern mit grobem Meersalz bestreut servieren.

Marinierte Anchovis

Etwa 125g frische Anchovis in eine Schale legen und mit 1 TL Rotwein-Essig und 1 EL bestem Olivenöl beträufeln. 1 EL frisch gehackte Petersilie darüberstreuen und würzen.

Karamellisierte Nüsse

2 große Hand voll Nüsse (z.B. Pecan-, Hasel- oder Walnüsse) mit 4 EL Ahornsirup, 2 EL Zucker, ½ TL Cayenne-Pfeffer und 1 EL bestem Olivenöl in einer Backform vermischen. 10 Minuten bei 180°C backen, dann auf einer beschichteten Oberfläche abkühlen lassen. Asiatische Variante: 1 TL Sojasauce untermischen.

Tapas oder Antipasti

Halten Sie im Supermarkt oder Delikatessengeschäft Ausschau nach Dingen, die zum Motto des Abends passen, z.B. eingelegtem Knoblauch, Broten, Grossini, eingelegten Artischockenherzen, Oliven, Pepperoncini und luftgetrocknetem Schinken wie Serrano oder Prosciutto. Auf einer Platte anrichten.

Warme gewürzte Mandeln

125g ganze, blanchierte Mandeln mit 1 EL Olivenöl und 1 TL geräuchertem Paprikapulver oder gemahlenem Chili in einer Pfanne goldbraun rösten. Sofort in kleinen Schalen servieren.

Tomaten-Feta-Spießchen

Ergibt 20 Spießchen. Ein Stück Feta in 2,5cm große Würfel schneiden. 10 Cocktailtomaten halbieren. Jeweils 1 Würfel Feta und 1 Tomatenhälfte aufspießen. In einer Schüssel 1 TL gemahlene Fenchelsamen, 1 EL geriebene Schale einer unbehandelten Zitrone, eine Prise gemahlene Chili und 1 EL bestes Olivenöl vermischen. Spießchen in eine Schale legen, mit Salz und Pfeffer würzen und mit der Marinade beträufeln. Eine Stunde stehen lassen. Auf einer Platte anrichten.

Sushi

Kaufen Sie im Supermarkt oder Sushi-Laden ganz frisches Sushi und servieren Sie die verschiedenen Fische und Rollen mit Stäbchen, Wasabi-Paste *(siehe Seite 224)*, Soja-Sauce zum Dippen und nach Geschmack ein paar Gläsern Sake.

Gorgonzola-Crostini mit roten Zwiebeln

Einige Scheiben Sauerteig- oder Landbrot toasten und mit einer dicken Scheibe Gorgonzola belegen. Ein paar dünn geschnittene Zwiebelringe darauflegen und mit ein paar Tropfen Balsamico beträufeln. Mit schwarzem Pfeffer würzen und servieren.

Pistazien oder Japanische Erdnüsse mit Reisschicht

Besorgen Sie im Supermarkt oder Asia-Laden frische, ungeschälte Pistazien, japanische Erdnüsse mit Reisschicht oder andere Nüsse und servieren Sie sie in kleinen Schüsseln.

Melone im Prosciutto-Mantel

Melone im Prosciutto-Mantel

Eine Cantaloupe-Melone (oder eine andere süße) in 2,5 cm große Würfel schneiden. Prosciutto oder Serrano-Schinken in schmale Streifen schneiden und um die Melonenwürfel wickeln. Mit Zahnstochern oder Spießchen fixieren.

Parmesanchips

Parmesan reiben. Kleine Berge von etwa 2 EL auf ein mit Backpapier ausgelegtes Blech setzen und 7 Minuten bei 200 °C backen. Aus dem Ofen nehmen und 1 Minute ruhen lassen, dann mit einem Palettenmesser auf einen Abkühlrost legen.

Dampfend heiß oder erfrischend kühl: Suppen sind Seelentröster und vermitteln Lebensfreude. Sie bringen auf hervorragende Weise die vielen köstlichen Gemüsesorten, aromatischen Kräuter und Gewürze zur Geltung, die es auf dem Markt gibt. Halten Sie sich nicht mit den Beilagen zurück: Croûtons, Klößchen und Granatapfelkerne machen jeden Löffel davon noch reizvoller.

Suppen

Sellerie-Fenchel-Cremesuppe
mit gekühlten Trauben

Diese Suppe ist leicht und zugleich wunderbar stärkend. Die süßen, runden Trauben beleben die samtartige Konsistenz mit ihrer fruchtigen Frische und ihrer roten Farbe.

1 Butter und Olivenöl in einem großen Topf auf mittlere Temperatur erwärmen. Fenchel, Zwiebel, Sellerie, Fenchelsamen, Selleriesamen und Knoblauch hineingeben, würzen und etwa 10 Minuten unter gelegentlichem Rühren weich dünsten. Weißwein, Zitronensaft und Fond einrühren und 20 Minuten köcheln lassen. Sahne untermischen und weitere 5 Minuten köcheln lassen.

2 Suppe in der Küchenmaschine oder mit einem Stabmixer pürieren. In kleinen Bechern, Tassen oder Gläsern mit Trauben und Schnittlauch garniert servieren.

Vorbereitung
Die Suppe kann bis zu 2 Tagen im Voraus zubereitet und abgedeckt im Kühlschrank aufbewahrt werden. Vor dem Servieren nur kurz aufwärmen. Eingefroren hält sie sich bis zu 4 Wochen.

ZUTATEN

1 EL Butter

2 EL Olivenöl

2 Fenchelknollen, nur die Herzen, in Scheiben geschnitten und dann gehackt

1 mittelgroße gelbe Zwiebel, fein gehackt

1 Sellerieherz, in Scheiben geschnitten

¼ TL Fenchelsamen, gemahlen

¼ TL Selleriesamen

2 Knoblauchzehen, fein gehackt

Jeweils ½ TL Salz und Pfeffer

175 ml Weißwein

Saft von ½ Zitrone

400 ml Hühner- oder Gemüsefond

60 g Sahne

1 große Hand voll rote kernlose Trauben, halbiert

Gehackter Schnittlauch, zum Garnieren *(nach Belieben)*

Vorbereitungszeit 25 Minuten

Garzeit 35 Minuten

Ergibt 8 kleine Tassen oder 4 Schüsseln

SCHNELL KOMBINIERT

Friséesalat mit Wachteleiern *(Seite 93)* • Blinis mit Räucherlachs *(Seite 148)* • Getoastetes Brioche mit Lemon Curd *(Seite 214)*

KLEINES BUFFET

Junge Rote Beete mit Bresaola *(Seite 168)* • Kurz gebratenes Rinder-Carpaccio *(Seite 128)* • Junge Venusmuscheln *(Seite 136)*

Chili-Gazpacho

mit Sauerteig-Croûtons

Nichts ist so einfach, gesund und erfrischend wie Gazpacho. Wenn Sie keine Ancho-Chili bekommen, verwenden Sie eine andere getrocknete rote Chili oder einen TL Tabasco.

1 Die Ancho-Chili in heißem Wasser 15 Minuten einweichen. Herausnehmen, in der Küchenmaschine oder mit dem Stabmixer pürieren und die 2 EL Wasser zugeben. 1 EL Püree zur Seite stellen, den Rest in einen Behälter füllen, mit etwas Öl bedecken und mit Deckel verschließen. Für anderweitigen Gebrauch aufbewahren.

2 Tomaten, Zwiebel, Gurke und Paprikaschoten in einer großen Schüssel mit Chilipüree, Knoblauch, Brot, Olivenöl, Fond, Essig, Gewürzen, Salz und Pfeffer gründlich vermischen. Mit der Küchenmaschine oder dem Stabmixer zu einem glatten Püree verarbeiten. Wenn Sie eine feinere Konsistenz haben wollen, durch ein Sieb gießen. Mindestens 4 Stunden, am besten über Nacht, stehen lassen.

3 Die Suppe auf 8 Tassen oder 4 Schüsseln verteilen, mit Sauerteig-Croûtons garnieren und kalt servieren.

Vorbereitung

Die Suppe sollte am Vorabend zubereitet werden – dann schmeckt sie deutlich besser.

ZUTATEN

1 getrocknete Ancho-Chili, Stiel entfernt,von den Samen befreit

2 EL Wasser

3 EL Olivenöl, zusätzlich etwas zum Bedecken des Chilipürees

500 g reife Fleischtomaten, grob gehackt

1 kleine rote Zwiebel, grob gehackt

1 kleine Gurke, grob gehackt

½ große rote Paprika, von den Samen befreit und grob gehackt

½ gelbe Paprika, von den Samen befreit und grob gehackt

1 Knoblauchzehe, zerdrückt

2 Scheiben Weißbrot, Kruste entfernt, in Stücke gerissen

250 ml kalter Hühnerfond

2 EL Sherry-Essig

½ TL Pimentón *(siehe S. 224)*

1 TL Kreuzkümmel, geröstet

Jeweils ½ TL Salz und Pfeffer

1 Portion Sauerteig-Croûtons *(siehe Salat aus dreierlei Tomaten, Seite 86)*, zum Garnieren

Zubereitungszeit 25 Minuten, zusätzlich 4 Stunden oder 1 Nacht Ruhezeit

Ergibt 8 kleine Tassen oder 4 Schüsseln

SCHNELL KOMBINIERT	KLEINES BUFFET
Salsa mit Tortilla-Chips *(Seite 70)* • Junger Salat mit Walnussöl und Sherry-Essig (Seite 92) • Vanilleeis mit süßem Sherry und Pfeffer (Seite 214)	Rindfleisch-Süßkartoffel-Spieße *(Seite 114)* • Knusprige Chorizo-Quesadillas *(Seite 186)* • Nachos mit Krebsfleisch und Gruyère *(Seite 142)*

Pilz-Maronen-Suppe
mit Trüffelöl

Maronen passen ausgezeichnet zu Pilzen. Wenn Ihnen nach etwas Extravaganz zu Mute ist, träufeln Sie vor dem Servieren ein wenig Trüffelöl über die Suppe.

1 Steinpilze 15 Minuten in 500 ml kochend heißem Wasser einweichen. Olivenöl in einem mittelgroßen Topf auf mittlere Temperatur erwärmen und Zwiebel, Salz und Pfeffer darin 4 Minuten dünsten. Knoblauch zugeben. Temperatur etwas reduzieren und alles 2 Minuten sautieren. Frische Pilze und Maronen eine weitere Minute mitbraten, dann den Fond zufügen.

2 Steinpilze abgießen, die Flüssigkeit auffangen. Pilze abspülen, fein hacken und zur Suppe geben. Die Einweichflüssigkeit durch Küchenpapier sieben, um Kleinteile und Schmutz abzufangen, in die Suppe gießen und alles 20 Minuten kochen lassen. Sahne und Zitronensaft einrühren. Abschmecken und pürieren. Noch einmal erwärmen. In Tassen oder Schüsseln servieren, mit gehacktem Schnittlauch und nach Belieben ein paar Tropfen Trüffelöl garnieren.

Vorbereitung

Die Suppe kann bis zu 2 Tage im Voraus zubereitet, im Kühlschrank aufbewahrt und dann aufgewärmt werden. Sie können sie auch bis zu 4 Wochen einfrieren.

ZUTATEN

30 g getrocknete Steinpilze

6 EL Olivenöl

1 gelbe Zwiebel, fein gewürfelt

Jeweils ½ TL Salz und Pfeffer

2 Knoblauchzehen, fein gehackt

500 g frische Wiesen- oder Zuchtchampignons, Stiele abgeschnitten, fein gehackt

100 g vakuumverpackte Maronen, fein gehackt

600 ml Hühner- oder Gemüsefond

125 g Sahne

Saft von ½ Zitrone

Schnittlauch, gehackt, zum Garnieren

Trüffelöl, zum Garnieren (nach Belieben)

Vorbereitungszeit 20 Minuten

Garzeit 28 Minuten

Ergibt 8 kleine Tassen oder 4 Schüsseln

SCHNELL KOMBINIERT

Selleriesalat *(Seite 92)* • Weißer Bohnen-Dip *(Seite 71)* • Vanilleeis mit süßem Sherry und Pfeffer *(Seite 214)*

KLEINES BUFFET

Würzige Ziegenkäsebällchen *(Seite 59)* • Spinatsalat mit Pfefferbirnen *(Seite 84)* • Geröstete Garnelen und Tomaten *(Seite 145)*

Rote-Bete-Suppe mit Orangen
und geeisten Joghurt-Würfeln

Diese farbenfrohe Suppe überzeugt auch den hartnäckigsten Rote-Bete-Gegner. Wenn Sie die Eiswürfel nicht vorbereitet haben, können Sie auch einfach vor dem Servieren einen Klecks Joghurt in jede Suppentasse geben.

1 Joghurt und die Hälfte des Schnittlauchs in einer Schüssel vermischen und in eine Eiswürfelform füllen. Ins Gefrierfach stellen, bis sie fest sind.

2 Rote Bete in eine Kasserolle legen, mit Wasser bedecken und 45 Minuten bis 1 Stunde kochen, bis man mit dem Messer leicht einstechen kann. Die etwas abgekühlte Rote Bete schälen, grob klein schneiden und zur Seite stellen.

3 Währenddessen das Öl in einem mittelgroßen Topf erhitzen und Zwiebel, Knoblauch, Thymian, Salz und Pfeffer 10 Minuten dünsten. Rote Bete, Essig, Orangensaft und -schale und Fond dazugeben und 10 Minuten köcheln lassen. Mit der Küchenmaschine oder einem Stabmixer pürieren.

4 Sahne einrühren und mit Salz und Pfeffer abschmecken. In Tassen oder Schüsseln füllen, Joghurt-Würfel dazugeben und nach Belieben mit dem restlichen Schnittlauch bestreuen.

Vorbereitung
Die Suppe kann am Vortag zubereitet und im Kühlschrank aufbewahrt werden. Im Gefrierfach hält sie sich bis zu 3 Wochen.

ZUTATEN

200 g Joghurt

1 kleiner Bund Schnittlauch, gehackt

500 g kleine Rote Bete, geschrubbt, Blätter entfernt

6 EL Olivenöl

1 Zwiebel, gehackt

2 Knoblauchzehen, fein gehackt

1 EL frischer Thymian, gehackt

Jeweils ½ TL Salz und Pfeffer

1 TL Balsamico-Essig

Saft von ½ Orange

1 EL geriebene Schale einer unbehandelten Orange

1 l Hühner- oder Gemüsefond

3 EL Sahne

Vorbereitungszeit 15 Minuten

Garzeit 1 Stunde

Ergibt 8 kleine Tassen oder 4 Schüsseln

SCHNELL KOMBINIERT

Melone im Prosciutto-Mantel *(Seite 31)* • Feta-Dip *(Seite 70)* • Geröstete neue Kartoffeln mit geräuchertem Paprika *(Seite 173)*

KLEINES BUFFET

Salat aus gebratenem Halloumi *(Seite 82)* • Auberginenpüree *(Seite 64)* • Frittierte Artischocken auf Römische Art *(Seite 12)*

Safran-Kokos-Suppe
mit Garnelen-Klößchen

Tom-Yum-Paste besteht aus Galgant, Zitronengras, Chili, Knoblauch und Limette und schmeckt gekauft wirklich tausendmal besser als jede selbst gemachte Paste.

1 Für die Klößchen Ingwer, Knoblauch, Schalotten und Koriandergrün in einer Küchenmaschine fein hacken. Garnelen, Eiweiß, Maismehl und Gewürze gründlich einarbeiten. Hände mit Öl einreiben, damit die Masse nicht an den Fingern haftet, und 1 cm große Bällchen formen. In den Kühlschrank stellen.

2 Kokosmilch in einer mittelgroßen Kasserolle vorsichtig erwärmen. Tom-Yum-Paste, Limettensaft und Safran einrühren und zum Kochen bringen. Temperatur herunterschalten. Direkt vor dem Servieren Klößchen und Brunnenkresse hinzufügen. Sobald die Klößchen an die Oberfläche kommen, die Suppe vom Herd nehmen und in Becher, Gläser oder Tassen füllen. Mit Koriandergrün bestreuen und servieren.

Vorbereitung

Die Suppe kann auch am Vortag zubereitet und im Kühlschrank aufbewahrt werden. Die Klößchen können am Morgen vor dem Servieren zubereitet und abgedeckt in den Kühlschrank gestellt werden. Sie können sie auch in einem luftdichten Behälter bis zu 2 Wochen vorher einfrieren.

ZUTATEN

2 Dosen Kokosmilch à 400 ml

1 EL Tom-Yum-Paste oder 1 Tom-Yum-Brühwürfel

Saft von ½ Limette

1 Prise Safranfäden, gemahlen

1 großer Bund Brunnenkresse, grob gehackt

1 kleine Hand voll Koriandergrün, zum Garnieren

Klößchen

1 TL frischer Ingwer, gerieben

½ Knoblauchzehe, gehackt

2 Schalotten, in Ringe geschnitten

1 TL Koriandergrün, gehackt

200 g rohe, geschälte Garnelen

1 Eiweiß

1 TL Maismehl

Jeweils ¼ TL Salz und Pfeffer

Olivenöl für die Hände

Vorbereitungszeit 15 Minuten

Garzeit 10 Minuten

Ergibt 8 kleine Portionen

SCHNELL KOMBINIERT	KLEINES BUFFET
Sushi *(Seite 31)* • Japanische Erdnüsse mit Reisschicht *(Seite 31)* • Ungeschälte Lychees *(Seite 215)*	Glasnudelsalat mit Pfefferhähnchen *(Seite 76)* • Frühlingsrollen mit Meeresfrüchten *(Seite 176)* • Himbeermeringuen *(Seite 208)*

Gelbe Linsensuppe
mit Pflaumen, Aprikosen und Granatäpfeln

Die Trockenfrüchte geben den Linsen Tiefe und fügen sich mit dem Granatapfelsirup zu einer herrlich süßsauren Suppe zusammen. Im Sommer rühren Sie etwas Joghurt ein und servieren die Suppe gekühlt.

1 In einer großen Kasserolle das Öl erhitzen und Zwiebeln, Möhren, Knoblauch, Ingwer, Salz und Pfeffer etwa 10 Minuten weich dünsten. Trockenfrüchte, Kreuzkümmel, Kardamom, Nelken und Zimt dazugeben und ein paar Minuten braten, dann den Fond zugießen. Linsen einrühren und mit Deckel etwa 1 Stunde kochen, bis die Linsen sehr weich sind.

2 Den Granatapfelsirup und die frischen Kräuter einrühren und abschmecken. In kleinen Tassen oder Bechern servieren, garniert mit Granatapfelkernen und Koriandergrün. Die Suppe kann nach Belieben auch püriert werden, damit sie eine feinere Konsistenz hat.

Vorbereitung

Die Suppe kann 2 Tage im Voraus zubereitet und im Kühlschrank aufbewahrt werden. Eingefroren hält sie sich bis zu 4 Wochen.

ZUTATEN

3 EL Olivenöl

2 Zwiebeln, gehackt

2 Möhren, fein gehackt

3 Knoblauchzehen, fein gehackt

2,5 cm Ingwer, gerieben

Jeweils ½ TL Salz und Pfeffer

6 entkernte getrocknete Pflaumen, grob gehackt

8 getrocknete Aprikosen, grob gehackt

1 TL Kreuzkümmel, gemahlen

¼ TL Kardamom, gemahlen

¼ TL Nelkenpulver

2 Zimtstangen

1 l Hühner- oder Gemüsefond

250 g gelbe oder rote Linsen

2 EL Granatapfelsirup *(siehe S. 224)* oder Saft von 1 Zitrone

1 kleine Hand voll Minzblätter, gehackt

1 kleine Hand voll Koriandergrün, gehackt, zusätzlich Zweige zum Garnieren

Granatapfelkerne, zum Garnieren

Vorbereitungszeit 20 Minuten

Garzeit 1¼ Stunden

Ergibt 8 kleine Tassen oder 4 Schüsseln

SCHNELL KOMBINIERT	KLEINES BUFFET
Libanesische Salatplatte *(Seite 93)* • Hummus mit geräuchertem Paprika *(Seite 70)* • Orangen mit Rosenwasser *(Seite 214)*	Spinat-Joghurt-Dip *(Seite 66)* • Safranhuhn-Spieße *(Seite 98)* • Pochierte Kardamom-Aprikosen *(Seite 211)*

Rote Curry-Suppe mit Kürbis
und knusprigen Schalotten

Thailändische rote Currypaste ist eine praktische Basis für Gerichte und gibt dieser Suppe ordentlich Schärfe. Die frittierten Schalotten sind ein frischer Gegenpol zu dem schweren Kürbis.

1 Knoblauch mit 2 EL Öl in einer mittelgroßen Kasserolle braun anbraten. Currypaste einrühren, 3 Minuten unter ständigem Rühren braten, dann die Kokosmilch dazugießen. Fischsauce, Limettenschale und -saft, Zucker und Fond dazugeben und 2 Minuten köcheln lassen. Die Temperatur herunterschalten, Kürbis hinzufügen und weitere 8–10 Minuten kochen, bis er weich ist.

2 Das Mehl in eine kleine Schüssel geben und die Schalotten darin wälzen, sodass sie rundum bemehlt sind. Überflüssiges Mehl abklopfen. Restliches Öl in einem Wok oder einer kleinen Pfanne mit dickem Boden erhitzen, bis ein hineingeworfener Brotwürfel sofort zu brutzeln beginnt. Schalotten 1–2 Minuten goldbraun frittieren. Auf Küchenpapier entfetten lassen und mit Salz bestreuen.

3 Die warme Suppe in Tassen oder Schüsseln füllen und mit Schalotten und Koriandergrün garnieren.

Vorbereitung

Die Suppe kann am Vorabend zubereitet und im Kühlschrank aufbewahrt werden. In diesem Fall sollte der Kürbis nicht ganz gar sein, damit er beim Aufwärmen nicht zerfällt. Gefroren hält sich die Suppe bis zu 4 Wochen. Die frittierten Schalotten können 3 Stunden vorher zubereitet und in einem luftdichten Behälter aufbewahrt werden. Im Ofen bei 200 °C 5 Minuten aufwärmen.

ZUTATEN

600 ml Erdnuss- oder anderes Öl

1 Knoblauchzehe, gehackt

4 EL gute thailändische rote Currypaste

400 ml Kokosmilch

1 EL Fischsauce

Schale und Saft von 1 unbehandelten Limette

1 EL Zucker

125 ml Hühnerfond

500 g Kürbis, von den Kernen befreit und in 2,5 cm große Stücke geschnitten

4 EL Mehl

5 Schalotten, in sehr dünne Ringe geschnitten

Koriandergrün, zum Garnieren

Vorbereitungszeit 10 Minuten

Garzeit 18 Minuten

Ergibt 8 kleine Tassen oder 4 Schüsseln

SCHNELL KOMBINIERT

Brunnenkressesalat mit Frühlingszwiebeln *(Seite 93)* • Garnelen-Gurken-Spießchen *(Seite 149)* • Frische Kiwischeiben *(Seite 215)*

KLEINES BUFFET

Thailändische Maispuffer *(Seite 26)* • Knuspriges Schweine-Larb mit Mango *(Seite 119)* • Avocado-Crostini *(Seite 164)*

Pecorino-Suppe mit Fleischbällchen

dazu gebräunte Zwiebeln und Kohl

Winzige Fleischbällchen, frischer Kohl, gebräunte Zwiebeln und würziger Pecorino verbinden sich hier zu einer vorzüglichen Suppe. Sie können das Kalbfleisch auch durch Schweinefleisch ersetzen.

1 Das Öl in einem mittelgroßen Topf mit dickem Boden erhitzen. Zwiebeln dazugeben, würzen und etwa 10 Minuten dünsten, bis sie goldbraun und süßlich sind. Vom Herd nehmen und zur Seite stellen.

2 Währenddessen in einem großen Topf gesalzenes Wasser aufkochen und den gehackten Kohl etwa 4 Minuten kochen. Er sollte durch, aber noch fest sein. Abgießen, mit kaltem Wasser abspülen und zur Seite stellen.

3 Für die Fleischbällchen das Brot in einer mittelgroßen Schüssel in der Milch einweichen. Mit den Fingern zerbröseln. Übrige Zutaten gut mit dem Brot vermischen. Mit bemehlten Händen 1 cm große Bällchen rollen. Etwas Olivenöl in einer beschichteten Pfanne erhitzen und die Fleischbällchen unter regelmäßigem Wenden braten, bis sie braun und knusprig sind.

4 Kohl, Fond und Fleischbällchen zu den Zwiebeln in den Topf geben und erwärmen. In Tassen oder Schüsseln füllen und mit Pecorino bestreuen. Nach Belieben mit kleinen Toastscheiben servieren.

Vorbereitung
Die Zwiebeln können bis zu 2 Tage im Voraus gebräunt werden. Eingefroren hält sich die Suppe bis zu 4 Wochen.

SCHNELL KOMBINIERT	KLEINES BUFFET
Salat aus Radicchio, Orangen und Rucola *(Seite 92)* • Biscotti, Mascarpone und Dessertwein *(Seite 215)*	Grüner Spargel in Serrano-Schinken *(Seite 152)* • Bagna cauda *(Seite 54)* • Schokoladenpudding mit Frangelico *(Seite 200)*

ZUTATEN

3 EL Olivenöl

2 gelbe Zwiebeln, in dünne Ringe geschnitten

200 g Grünkohl, gehackt

700 ml Hühnerfond

4 EL Pecorino, grob geraspelt

Getoastetes Brot, zum Servieren *(nach Belieben)*

Fleischbällchen

1 Scheibe Weißbrot

2 EL Milch

250 g Kalbs- oder Schweinehackfleisch

½ Knoblauchzehe, fein gehackt

2 EL Parmesan

1 Eigelb, verquirlt

1 TL Salz

2 EL glatte Petersilie, fein gehackt

Mehl, für die Hände

1 EL Olivenöl, zum Braten

Vorbereitungszeit 20 Minuten

Garzeit 20 Minuten

Ergibt 8 kleine Tassen oder 4 Schüsseln

Ingwer-Tomaten-Suppe
mit Gewürzöl

Diese Suppe basiert auf der indischen Rasam-Suppe, die wie Hühnersuppe ein Seelentröster sein soll. Ersetzen Sie die Tamarinde durch den Saft zweier Zitronen, wenn Sie keine bekommen.

1 Tomaten, Knoblauch und Ingwer in der Küchenmaschine etwa 1 Minute glatt pürieren. MitTamarindenflüssigkeit, Fond, Koriandergrün, grünen Chilis, Zucker, Kurkuma, Salz und Pfeffer in einem großen Topf aufkochen, dann Temperatur auf mittlere Stufe herunterschalten und 15 Minuten köcheln lassen.

2 Währenddessen das Öl in einer kleinen Pfanne erhitzen und die Senfsamen hineingeben. Sobald sie zu springen beginnen, Kreuzkümmel und Asafötida hinzufügen. 1 Minute unter Rühren rösten, dann vom Herd nehmen.

3 Suppe auf 8 Tassen oder 6 Schüsseln aufteilen. Jeweils einen Löffel des Gewürzöls daraufträufeln und mit Koriandergrün garnieren.

Vorbereitung
Die Suppe kann am Vorabend zubereitet und im Kühlschrank aufbewahrt werden. Eingefroren hält sie sich bis zu 4 Wochen.

ZUTATEN

15 reife Strauch- oder Fleischtomaten, gehackt

6 Knoblauchzehen

5 cm frischer Ingwer, geschält und in Scheiben geschnitten

200 ml Tamarindenflüssigkeit oder -püree *(siehe Seite 224)*

200 ml Hühner- oder Gemüsefond

1 mittelgroßer Bund Koriandergrün, fein gehackt, zusätzlich ein paar Zweige zum Garnieren

2 frische grüne Chilis, von den Samen befreit und der Länge nach aufgeschlitzt

1½ EL brauner Rohrzucker

1 TL Kurkuma

1 TL Salz

½ TL schwarzer Pfeffer, gemahlen

5 EL Öl

2 TL Senfsamen

1 TL Kreuzkümmel

Prise Asafötida *(nach Belieben, siehe Seite 224)*

Vorbereitungszeit 20 Minuten

Garzeit 20 Minuten

Ergibt 8 kleine Tassen oder 6 Schüsseln

SCHNELL KOMBINIERT	KLEINES BUFFET
Chutneys und Pickles *(Seite 70)* • Raita mit Naan-Brot *(Seite 71)* • Frische Wassermelone *(Seite 215)*	Erbsen-Garnelen-Samosas *(Seite 194)* • Tandoori-Hähnchenschenkel *(Seite 130)* • Mini-Schokoladenkuchen *(Seite 202)*

Dips haben etwas Bestechendes. Vielleicht ist es das fehlende Besteck, die cremige Konsistenz und der Gedanke, das Essen mit Freunden zu teilen. Von knoblauchduftender Bagna cauda und schwarzem Bohnen-Dip bis zur scharfen Kichererbsen-Chili-Dipsauce: Hier ist für jeden Geschmack etwas dabei.

Dips

Bagna cauda

mit rohem Gemüse und Wachteleiern

Wenn Sie einen Fonduetopf haben, halten Sie die Bagna cauda darin während des Essens warm. Entfernen Sie die Blattansätze der Möhren, Radieschen und Tomaten nicht, damit Sie sie daran halten können.

1 Knoblauch und Anchovis im Mörser glatt reiben und in einen kleinen Topf geben. Butter und Öl hinzufügen und unter gelegentlichem Umrühren 4 Minuten köcheln lassen, bis die Butter geschmolzen ist. Zitronenschale und -saft, Petersilie und Chili einrühren. Auf niedriger Temperatur bis zum Servieren warm halten.

2 Gemüse säubern. Eier hart kochen und nach dem Abkühlen schälen. Mit dem Dip servieren.

Vorbereitung

Die Bagna cauda kann am Morgen vor dem Verzehr zubereitet und abgedeckt im Kühlschrank aufbewahrt werden. Vor dem Servieren nur kurz aufwärmen. Bereits am Vortag geputztes und geschnittenes Gemüse bleibt in einem luftdichten Behälter oder einem Gefrierbeutel im Kühlschrank frisch.

ZUTATEN

3 Knoblauchzehen, fein gehackt

4 große, in Olivenöl eingelegte Anchovis, abgespült und gehackt

125 g Butter

125 ml bestes Olivenöl

1 TL geriebene Schale einer unbehandelten Zitrone

3 TL Zitronensaft

2 EL glatte Petersilie, fein gehackt

½ TL getrocknete Chili, zerstoßen

Zum Servieren

Kleine Möhren

Radieschen

Radicchio- oder Trevisoblätter

Rote Paprika, in feine Streifen geschnitten

Rispentomaten, noch an den Rispen

Gurkenstifte

Selleriestangen mit Blättern

8 Wachteleier, hart gekocht und geschält, auf Zahnstocher oder Spießchen gespießt

Sauerteigbrot, getoastet

Zubereitungszeit 20 Minuten

Ergibt etwa 8 Portionen

SCHNELL KOMBINIERT	KLEINES BUFFET
Gewürzgarnelen *(Seite 148)* • Antipasti *(Seite 30)* • Marinierte Oliven mit Orange *(Seite 30)*	Artischocken im Blätterteig *(Seite 196)* • Salbei-Zitronen-Fleischbällchen *(Seite 131)* • Salat von dreierlei Tomaten *(Seite 86)*

Romesco-Dip

mit gerösteten neuen Kartoffeln

Wenn Sie keine Ancho-Chili bekommen, können Sie für diese scharfe Mandelsauce eine andere große getrocknete Chili nehmen. Versuchen Sie es auch einmal mit Pimentón statt Paprika edelsüß, dann wird der Geschmack rauchiger.

1 Ofen auf 200 °C vorheizen. Kartoffeln auf ein großes beschichtetes Backblech legen. Mit 2 EL Olivenöl beträufeln und mit jeweils ½ TL Salz und Pfeffer würzen. 20–30 Minuten rösten, bis sie golden und knusprig sind. Aus dem Ofen nehmen und zur Seite stellen.

2 Für den Dip währenddessen den Grill auf hohe Temperatur heizen. Die Tomaten darunterstellen und grillen, bis die Haut schwarz ist. Abkühlen lassen, Haut abziehen und Tomaten zur Seite stellen. Knoblauch in einer beschichteten Pfanne ohne Fett unter Rühren von allen Seiten schwarz braten. Abkühlen lassen, schälen und zur Seite stellen. In derselben Pfanne Mandeln und Haselnüsse unter Rühren goldbraun rösten. Zur Seite stellen.

3 Rotweinessig und 175 ml Wasser in einem Topf zum Kochen bringen, vom Herd nehmen und die Chilis hineinlegen. 10–15 Minuten einweichen. Schoten herausnehmen und die Flüssigkeit weggießen.

4 Tomaten, Chilis, Knoblauch, Mandeln und Nüsse in einer Küchenmaschine mit Brot, Paprika, Sherry-Essig, dem restlichen Olivenöl und jeweils ½ TL Salz und Pfeffer nicht ganz glatt pürieren. Mit Petersilie garnieren und zu den Kartoffeln servieren.

Vorbereitung

Der Dip hält sich bis zu 2 Tage im Kühlschrank. Die Kartoffeln können 4 Stunden vorher angeröstet werden, dann müssen sie nur noch 5–6 Minuten bei 200 °C im Ofen fertig gegart werden.

ZUTATEN

750 g kleine neue Kartoffeln

60 ml bestes Olivenöl, 2 EL zusätzlich

Jeweils 1 TL Salz und Pfeffer

4 große oder 6 kleine Strauchtomaten, halbiert

5 Knoblauchzehen, nicht geschält

15 Mandeln, gehäutet

15 Haselnüsse, gehäutet

60 ml Rotweinessig

2 getrocknete Ancho-Chilis, Stiel entfernt und von den Samen befreit

1 Scheibe Weißbrot, getoastet

1 TL edelsüßes Paprikapulver oder Pimentón *(siehe Seite 224)*

3 EL Sherry-Essig

Frische glatte Petersilie, zum Garnieren

Zubereitungszeit 25 Minuten

Garzeit 30 Minuten

Ergibt 8 Portionen

SCHNELL KOMBINIERT

Gebratene Chorizo *(Seite 149)* • Tomaten-Feta-Spießchen *(Seite 31)* • Marinierte Anchovis *(Seite 30)*

KLEINES BUFFET

Rindfleisch-Süßkartoffel-Spieße *(Seite 114)* • Grüner Spargel in Serrano-Schinken *(Seite 152)* • Zucchiniröllchen *(Seite 160)*

Schwarzer Bohnen-Dip
mit Chilis und Honig

Dieser Dip ist unglaublich gesund. Statt der Chipotle können Sie eine andere Chili oder einen Teelöffel Tabasco nehmen.

1 Eingeweichte getrocknete Bohnen abgießen, in einen mittelgroßen Topf geben und mit Wasser bedecken. Etwa 45 Minuten kochen, bis sie gerade weich sind. Abgießen.

2 Währenddessen das Olivenöl in einer Pfanne erhitzen und darin Zwiebel, Paprika, Chipotle und Knoblauch 4 Minuten anbraten. Bohnen, Essig, Honig, Chili, Kreuzkümmel, Salz und Pfeffer einrühren und auf niedriger Temperatur etwa 5 Minuten unter gelegentlichem Rühren köcheln lassen.

3 Die Masse pürieren. Mit Honig, Essig oder Salz abschmecken, da die Bohnen bei jeder Zubereitung Aromen anders aufnehmen. Nach Belieben mit gesalzenen Tortilla-Chips und Obstsalsa servieren.

Vorbereitung
Der Dip kann bis zu 1 Woche im Voraus zubereitet und im Kühlschrank aufbewahrt werden.

ZUTATEN

250 g getrocknete schwarze Bohnen, über Nacht eingeweicht, oder schwarze Bohnen aus der Dose, Flüssigkeit abgegossen

3 EL Olivenöl

1 Zwiebel, gehackt

1 rote Paprika, gehackt

1 Chipotle-Chili, von den Kernen befreit und gehackt

3 Knoblauchzehen, gehackt

125 ml Apfelessig

4 EL flüssiger Honig

Jeweils 1 TL Chili und Kreuzkümmel, gemahlen

1 EL Meersalz

Frisch zerstoßener Pfeffer

Tortilla-Chips, gesalzen und Obstsalsa *(Seite 70)*, zum Servieren *(nach Belieben)*

Vorbereitungszeit 30 Minuten

Garzeit 45 Minuten

Ergibt etwa 8 Portionen

SCHNELL KOMBINIERT

Wassermelonen-Salat mit Feta *(Seite 93)* • Gebratene Chorizo *(Seite 149)* • Gewürzgarnelen *(Seite 148)*

KLEINES BUFFET

Nachos mit Krebsfleisch und Gruyerzer *(Seite 142)* • Steak-Tacos *(Seite 178)* • Gegrillte Garnelen-Schmetterlinge *(Seite 141)*

Würzige Ziegenkäsebällchen

mit karamellisiertem Knoblauch

Auch ohne den karamellisierten Knoblauch ist dieses Gericht beeindruckend.

1 Zum Karamellisieren die Knoblauchzehen zunächst in einen kleinen Topf legen, mit Wasser bedecken und 3 Minuten kochen. Abgießen, schälen und jede Zehe in 3 Stücke teilen.

2 Das Olivenöl in einem Topf auf niedrige Temperatur erwärmen und den Knoblauch darin anbräunen. Öl abgießen, Essig, Rosmarin, Salz, Pfeffer und Zucker mit dem Knoblauch 3 Minuten kochen, bis sich die Flüssigkeit zu einem Sirup reduziert hat. Auf einen Teller gießen und abkühlen lassen.

3 In einer Schüssel den Ziegenkäse mit einer Gabel zerdrücken und mit Salz, Pfeffer und karamellisiertem Knoblauch gut vermischen. Zu 2,5 cm großen Bällchen formen.

4 Die Gewürze in Schälchen füllen und die Bällchen darin wälzen, sodass verschiedenfarbige Kugeln entstehen. 30 Minuten kühl stellen. Mit Zimmertemperatur servieren. Dazu dünne Cracker oder Knoblauch-Crostini reichen.

Vorbereitung

Die Käsebällchen können am Vortag zubereitet und im Kühlschrank aufbewahrt werden.

ZUTATEN

1 kleine Knolle Knoblauch, ungeschält

3 EL Olivenöl

2 EL Weißweinessig

1 TL Rosmarin, fein gehackt

Jeweils 1 Prise Salz, Pfeffer und Zucker

250 g weicher, milder Ziegenkäse ohne Rinde

Jeweils ½ TL Salz und Pfeffer

1 EL Fenchelsamen, zerstoßen

1 EL schwarzer Pfeffer, zerstoßen

1 EL rosa Pfeffer, Mohn oder Piment, zerstoßen

Dünne Cracker oder Knoblauch-Crostini, zum Servieren

Vorbereitungszeit 20 Minuten

Garzeit 8 Minuten

Ergibt etwa 24 Bällchen

SCHNELL KOMBINIERT

Chicoreesalat *(Seite 93)* • Pesto und Aioli mit Grissini *(Seite 70)* • Obstfool aus Himbeeren *(Seite 215)*

KLEINES BUFFET

Sellerie-Fenchel-Cremesuppe *(Seite 34)* • Bunter Salat *(Seite 74)* • Verschneite Schokoladenkekse *(Seite 204)*

Farben

- Purpurrot
- Moosgrün
- Schimmerndes Weiß
- Weiches Gelb
- Blaugrün

Für den Tisch

- Bananenblätter
- Wasserkerzen
- Strohmatten
- Schlichte Teller
- Dipschalen mit Craquelée-Glasur

Asiatisches Bankett

Wenn Sie dem Feuerring folgen, der die hochvulkanische Gegend um den Pazifischen Ozean anzeigt, gelangen Sie nach China, Japan, Indonesien, Thailand, Korea, Vietnam und Laos – alles Länder, die sich durch üppiges Essen auszeichnen. Die auf Hawaii entstandene so genannte Pacific Rim Cuisine ist von lebhaften Aromen wie Zitronengras, Ingwer, Chili, Minze, Limette und Sojasauce geprägt und vereint in ihren leichten Gerichten europäische und südost-asiatische Einflüsse. Die Gerichte sind in sich kleine Meisterwerke. Die richtige Konsistenz und Bissfestigkeit ist äußerst wichtig, und jedes einzelne Aroma ist deutlich, aber nicht dominant zu schmecken. Im Gegenteil: Alle zusammen ergeben eine erlesene Mischung.

Ein wunderbarer Aspekt dieser Küche sind ihre vielen Saucen, die meist mit Chilis zubereitet werden. Manche sind sämig, aus Reisessig und Zucker zubereitet, andere wiederum bestehen aus Limettensaft und Fischsauce. Gehen Sie vorsichtig mit Chilis um, denn Sie wollen ja sowohl Geschmack als auch Gaumenkitzel. Denken Sie daran, je größer die Chilis sind, desto milder sind sie im Geschmack.

Schmücken Sie den Tisch mit pazifischen Elementen – Schüsseln mit exotischen Blüten, im Wasser schwimmenden Kerzen, Bananenblättern und Strohmatten. Obwohl die Pacific Rim Cuisine eher sommerliche Gerichte bietet, ist sie zu jeder Zeit wohltuend, selbst im Winter.

Aromen

- Saure Limetten
- Frischer Ingwer
- Scharfe Chilis
- Kühle Minze
- Exotisches Zitronengras

Knabbereien

- Fünf-Gewürz-Hühnerbrust *(Seite 149)*
- Frischkäse-Dip mit Krebsfleisch *(Seite 70)*
- Erdnüsse mit Reisschicht *(Seite 31)*
- Würziger Erdnussdip *(Seite 71)*
- Thailändische Garnelen *(Seite 149)*

Buffet

Zitronengras-Rindfleisch-Spieße mit Gurken-Erdnuss-Sauce

Frühlingsrollen mit Meeresfrüchten und süßer Chili-Koriander-Sauce

Thailändische Maispuffer mit süßer Chili-Koriander-Sauce

Glasnudelsalat mit Pfefferhähnchen

Peking-Rollen mit Entenbrust und Pflaumensauce

Passionsfrucht-Trifle mit Erdbeeren und Mascarpone

SCHNELL KOMBINIERT

Frischkäse-Dip mit Krebsfleisch *(Seite 70)*

Thailändische Garnelen *(Seite 149)*

Erdnüsse mit Reisschicht *(Seite 31)*

Zitronengras-Rindfleisch-Spieße (*Seite 104*)

Frühlingsrollen mit Meeresfrüchten (*Seite 176*)

Thailändische Maispuffer (*Seite 26*)

Glasnudelsalat mit Pfefferhähnchen (*Seite 76*)

Pekingrollen mit Entenbrust (*Seite 180*)

Passionsfrucht-Trifle (*Seite 206*)

Zwei Tage vorher

- Zitronengras-Rindfleisch marinieren
- Entenbrust marinieren
- Pfeffer-Hähnchen marinieren
- Süße Chili-Koriander-Sauce zubereiten

Am Vorabend

- Frühlingsrollen mit Meeresfrüchten zubereiten
- Passionsfrucht-Trifle zubereiten

Am Morgen

- Fleischspieße zurechtlegen
- Gurken-Erdnuss-Sauce zubereiten
- Hähnchen grillen
- Entenbrust kurz anbraten und in Scheiben schneiden

Mango-Crush

Dies ist ein erfrischender Cocktail, der gleichzeitig den Durst löscht. Versuchen Sie es auch mal mit Wassermelone oder Papaya statt der Mango.

ZUTATEN

2 große reife Mangos, geschält und gehackt

Saft von 1 Limette

500 ml frisch gepresster Orangensaft

2 EL Zucker

6-mal 2 cl Wodka

Eis

Minzzweige zum Garnieren

Ergibt 6 Mango-Crushs

Mango, Limetten- und Orangensaft, Zucker und Wodka in der Küchenmaschine oder mit dem Stabmixer glatt pürieren. Etwas Eis in 6 Gläser geben und den Cocktail darübergießen. Mit ein paar Minzzweigen garnieren.

Zwei Stunden vorher

- Fleischspieße vorgrillen
- Teig für Maispuffer zubereiten
- Dip mit Krebsfleisch und Frischkäse vorbereiten, Koriander und Zwiebeln noch nicht zugeben
- Glasnudelsalat mischen, Kräuter noch nicht zugeben
- Peking-Rollen zubereiten

Eine bis eine halbe Stunde vorher

- Maispuffer frittieren
- Mango-Crush pürieren
- Fleischspieße gar grillen, ruhen lassen, dann anrichten
- Frühlingsrollen mit der Dipsauce anrichten
- Peking-Rollen anrichten

Im letzten Moment

- Maispuffer aufwärmen und anrichten
- Glasnudelsalat mit Kräutern vermischen und anrichten
- Krebsfleisch-Dip mit Koriander, Zwiebeln und Crackern anrichten
- Mango-Crush einschenken
- Passionsfrucht-Trifle servieren

Auberginenpüree

mit Minze und zerstoßenem Koriander

Die Aubergine ist ein wahres Chamäleon. Sie verändert Geschmack und Konsistenz je nach Garmethode und beigefügten Zutaten und bekommt ein kräftiges rauchiges Aroma, wenn sie nicht geröstet, sondern über einer Flamme geschwärzt wird.

1 Die Auberginen mit einem Messer an mehreren Stellen einschneiden. Mit einer Zange über eine Flamme halten und rundum schwarz werden lassen. Im Inneren sind sie dann genau richtig. Platzieren Sie eventuell einen ausrangierten Grillrost über der Flamme, damit Sie die Auberginen nicht die ganze Zeit halten müssen. Sie können sie auch im Ofengrill oder Barbecue-Grill schwarz werden lassen, der Geschmack wird allerdings nicht so rauchig sein. In einem Sieb die austretende Flüssigkeit abtropfen lassen. Sobald kühl genug, Haut vorsichtig abziehen und Stielansätze abschneiden.

2 Das noch warme Fruchtfleisch in der Küchenmaschine mit Knoblauch, Olivenöl, Zitronensaft, Joghurt, Pimentón, Koriandersamen und Minze vermischen. Abschmecken. Mit gehackter Zwiebel und Gurke bestreuen und mit Pittabrot oder rohem Gemüse servieren.

Vorbereitung

Der Dip kann 2 Stunden im Voraus zubereitet und im Kühlschrank aufbewahrt werden. Vor dem Servieren auf Zimmertemperatur bringen. Zwiebel und Gurke erst direkt vor dem Servieren dazugeben.

ZUTATEN

2 große, feste Auberginen

1 Knoblauchzehe, fein gehackt

60 ml Olivenöl

1 EL frischer Zitronensaft

2 EL Joghurt

½ TL Pimentón *(siehe Seite 224)*

½ TL Koriandersamen, leicht zerstoßen

15 g frische Minze, fein gehackt

1 kleine rote Zwiebel, fein gehackt, zum Garnieren

1 kleine Gurke, in feine Würfel geschnitten, zum Garnieren

Getoastetes Pittabrot oder rohes Gemüse, zum Servieren

Vorbereitungszeit 10 Minuten

Garzeit 20 Minuten

Ergibt etwa 8 Portionen

SCHNELL KOMBINIERT

Feta-Dip *(Seite 70)* • Möhren in Vinaigrette *(Seite 173)* • Orientalische Süßigkeiten *(Seite 214)*

KLEINES BUFFET

Garnelen im Serrano-Mantel *(Seite 108)* • Salat aus gebratenem Halloumi *(Seite 82)* • Kichererbsen-Chili-Dip *(Seite 68)*

Spinat-Joghurt-Dip
mit gebräunter Zwiebel

Frisch und gesund wird dieser exotische persische Dip durch Spinat und griechischen Joghurt. Die langsam gebräunte Zwiebel rundet ihn harmonisch ab.

1 Den Spinat mit dem Salz in einen Topf mit Deckel geben und 2 Minuten vorsichtig erwärmen, bis er zusammenfällt. Abgießen und mit kaltem Wasser abspülen, dann mit den Händen das Wasser aus dem Spinat drücken.

2 In einer kleinen Bratpfanne Zwiebeln und Knoblauch im Öl etwa 20 Minuten langsam goldbraun dünsten. Es ist wichtig, sie ganz braun werden zu lassen, weil sie nur dann angenehm süß schmecken. Vom Herd nehmen und ganz abkühlen lassen.

3 In einer Schüssel die Zwiebelmischung mit Joghurt und Spinat vermengen und mit Salz und Pfeffer würzen. Gekühlt mit warmem Pittabrot servieren.

Vorbereitung
Zwiebeln und Spinat können am Morgen zubereitet werden, sollten aber frühestens 2 Stunden vor dem Servieren mit dem Joghurt vermischt werden.

ZUTATEN

300 g frischer Spinat, gehackt

1 TL Salz

2 EL Olivenöl

2 große gelbe Zwiebeln, in feine Scheiben geschnitten

2 Knoblauchzehen, zerdrückt

200 g griechischer oder anderer cremiger Joghurt (kein Magerprodukt!)

Pittabrot, zum Servieren

Vorbereitungszeit 10 Minuten

Garzeit 25 Minuten

Ergibt etwa 8 Portionen

SCHNELL KOMBINIERT

Piquillo-Schoten mit Sherry-Essig *(Seite 172)* • Junger Salat mit Walnussöl und Sherry-Essig *(Seite 92)*

KLEINES BUFFET

Feta mit Safran in Filoteig *(Seite 182)* • Pochierte Kardamom-Aprikosen *(Seite 211)* • Safranhuhn-Spieße *(Seite 98)*

Pesto aus gerösteter Roter Bete

mit Parmesan

Einfach, aber effektvoll: Die erdig schmeckende geröstete Rote Bete macht dieses Pesto nicht nur durch ihre intensive Farbe zu etwas Besonderem, sondern verleiht ihm auch ein köstlich nussiges Aroma.

1 Ofen auf 200 °C vorheizen. Rote Bete auf ein großes Stück Alufolie legen, mit 1 EL Öl beträufeln und mit Salz und Pfeffer würzen. Fest in die Folie einschlagen, damit keine Luft hineinkommt. Im Ofen 45 Minuten backen, bis die Rote Bete leicht mit dem Messer einzuschneiden ist.

2 Rote Bete schälen. Mit Knoblauch, Pinienkernen und ½ TL Salz in der Küchenmaschine zu einer glatten Masse pürieren. Parmesan unterrühren und nach und nach das restliche Öl einarbeiten. Bei Bedarf noch mehr Salz dazugeben. Nach Belieben mit Knoblauch-Crostini oder getoastetem Pittabrot servieren.

Vorbereitung

Das Pesto kann bis zu 3 Tage vorher zubereitet und abgedeckt im Kühlschrank aufbewahrt werden.

ZUTATEN

- 2 mittelgroße Rote Bete, halbiert
- 60 ml bestes Olivenöl, 1 EL zusätzlich
- 2 Knoblauchzehen, geschält
- 100 g Pinienkerne, geröstet und abgekühlt
- ½ TL Salz
- 25 g Parmesan
- Knoblauch-Crostini oder getoastetes Pittabrot, zum Servieren

Vorbereitungszeit 10 Minuten

Garzeit 45 Minuten

Ergibt etwa 8 Portionen

SCHNELL KOMBINIERT

Antipasti *(Seite 30)* • Geröstete Schalotten *(Seite 173)* • Gebratene Chorizo *(Seite 149)*

KLEINES BUFFET

Frittierte Artischocken auf Römische Art *(Seite 12)* • Dinkelsalat *(Seite 78)* • Mini-Crumbles aus Pfirsichen und Himbeeren *(Seite 212)*

Kichererbsen-Chili-Dip

mit Pitta-Croûtons

Hier bilden Kichererbsen, salziger Feta und fruchtiger Granatapfel eine perfekte Mischung. Statt des Sirups können Sie jeweils einen Esslöffel Zitronensaft mit Honig vermischt verwenden.

1 Kichererbsen, Olivenöl, Zitronensaft, Knoblauch und Salz in der Küchenmaschine grob pürieren. Auf die Pitta-Chips verteilen oder in eine Schüssel füllen.

2 Kreuzkümmel, rote Zwiebel, Minze, Koriandergrün und Chilis über den Dip streuen, ganz zum Schluss Feta darübergeben. Direkt vor dem Servieren mit Granatapfelsirup beträufeln.

Vorbereitung

Die Kichererbsenmischung kann bereits am Morgen püriert werden, wenn sie abends serviert werden soll. Die Zwiebeln werden gehackt in den Zitronensaft gelegt, damit sie sich nicht verfärben. Frische Kräuter und Feta können bis zu 1 Stunde im Voraus über den Dip gestreut werden. Die Pitta-Croûtons halten sich bis zu 3 Tage in einem luftdichten Behälter.

ZUTATEN

2 Dosen à 400g Kichererbsen, abgetropft

75ml bestes Olivenöl

Saft von 1 Zitrone

1 Knoblauchzehe, fein gehackt

½ TL Salz

1 Portion Pitta-Chips *(Seite 217)*

1 TL Kreuzkümmel

1 kleine rote Zwiebel, fein gehackt

15g frische Minze, fein gehackt

15g Koriandergrün, fein gehackt

2 rote Chilis, von den Kernen befreit und fein gehackt

150g Feta, zerkrümelt

2 EL Granatapfelsirup *(siehe Seite 224)*

Vorbereitungszeit 15 Minuten

Ergibt etwa 8 Portionen

SCHNELL KOMBINIERT

Gebratene Merguez-Lammwürstchen *(Seite 149)* • Gewürzgarnelen *(Seite 148)* • Orientalische Süßigkeiten *(Seite 214)*

KLEINES BUFFET

Lamm-Spieße mit Kreuzkümmel *(Seite 112)* • Arabischer Salat *(Seite 88)* • Erdbeeren und Feigen *(Seite 207)*

Schnelle Dips, Chutneys und Salsas

Einfacher geht's nicht

Sie müssen nicht glauben, dass Sie mit der Verwendung von Fertigprodukten in Ihrem Menü Ihren Gästen etwas vormachen! Im Gegenteil, oft bilden diese eine gute Grundlage für Gerichte, denen Sie mit Ihren Lieblingsgewürzen und -kräutern eine persönliche Note geben. Außerdem haben Sie so mehr Zeit für umfangreichere Rezepte – und natürlich Ihre Gäste.

Hummus mit geräuchertem Paprika

200g fertigen Hummus mit dem Messer auf einem Teller dick verstreichen. Mit 1 TL Pimentón *(siehe Seite 224* oder 1 TL geröstetem Kreuzkümmel) bestreuen und 1 TL bestes Olivenöl darüberträufeln. Mit Romanablättern oder warmem Fladenbrot, z.B. Pitta, servieren.

Fruchtsalsa

Etwa 2 Hand voll frisches Obst, z.B. Mango, Papaya oder Ananas, in kleine Würfel schneiden. 1 kleine rote Zwiebel, gewürfelt, 1 kleine Hand voll gehacktes Koriandergrün, 1 TL Tabasco und Saft einer Limette mit dem Obst vermischen. Mit Salz und Pfeffer würzen. Verschiedene Mais-Tortilla-Chips dazu reichen.

Pesto und Aioli mit Grissini, Olivenöl und Essig

Besorgen Sie im Delikatessengeschäft oder Supermarkt frisches Pesto und Aioli. Geben Sie Pesto, Aioli, bestes Olivenöl und Balsamico-Essig in einzelne Schälchen und servieren Sie alles mit unterschiedlichen Grissini.

Feta-Dip mit Zitronensaft und Kreuzkümmel

X 200g Feta in einer Schüssel grob zerkrümeln. Mit 1 EL bestem Olivenöl, ½ kleinen roten gehackten Zwiebel, Schale und Saft einer Zitrone und ½ TL gerösteten Kreuzkümmel gut vermischen. Frisches, knusprigen Brot oder Möhrensticks dazustellen.

Chutneys und Pickles mit Mini-Pappadums

Halten Sie im Supermarkt oder Delikatessengeschäft Ausschau nach gutem Mango-Chutney, Limetten-Pickles und anderen indischen Pickles. In einzelnen Schälchen mit Löffeln und Mini-Pappadums oder Naan-Brot *(siehe Seite 224)* servieren.

Mexikanische Salsa mit Tortilla-Chips

Im Supermarkt gibt es einige ausgezeichnete Salsas. Sie können sie mit einigen Tropfen Tabasco, dem Saft einer halben Limette und 1 kleinen Hand voll gehacktem Koriandergrün verfeinern. Mit ungesalzenen Tortilla-Chips servieren.

Frischkäse-Dip mit Krebsfleisch

125g Frischkäse mit dem Messer auf einem Teller verstreichen. 1 große Hand voll frisch gegartes oder eingelegtes weißes Krebsfleisch und 1 kleine Hand voll gehacktes Koriandergrün darüberstreuen. Mit 2 EL süßer Chili-Sauce beträufeln und mit Krabbenchips servieren oder den Dip direkt auf die Chips streichen.

Gerösteter Knoblauch mit warmem Brot

2 Knoblauchknollen halbieren, mit 1 EL Olivenöl beträufeln und jeweils in Alufolie einschlagen. Im Ofen bei 200 °C eine Stunde rösten. Schälen. Den Knoblauch mit dem Messer auf die Brotscheiben, am besten frisches Baguette, streichen. Nach Belieben mit weichem Ziegenkäse belegen.

Dill-Joghurt-Dip

Etwa 200 g griechischen Joghurt mit 1 zerdrückten Knoblauchzehe, 2 gehackten Frühlingszwiebeln und 1 kleinen Hand voll fein gehacktem Dill verrühren. Mit Salz abschmecken. Dazu Pittabrot oder Gurkenstäbe reichen.

Raita mit Naan-Brot

Etwa 200 g griechischen Joghurt mit 1 kleinen, entkernten und gehackten Gurke, 1 entkernten, gewürfelten Tomate, 1 TL Kreuzkümmel und einer kleinen Hand voll gehackter Minze verrühren. Würzen. Mit Naan-Brot *(siehe Seite 224)* servieren.

Würziger Erdnussdip

In einer kleinen Schüssel 6 EL Erdnussbutter mit Stückchen, 3 EL Hoisin-Sauce *(siehe Seite 224)*, 1 TL Chili-Sauce und 4 EL Wasser mit einer Gabel vermischen. In eine Servierschale füllen und rohe Zuckererbsen dazustellen.

Frischkäse-Dip mit Krebsfleisch auf Krabbenchips

Weißer Bohnen-Dip

400 g Cannellini-Bohnen aus der Dose abtropfen lassen. Bohnen mit 1 Anchovis, 1 Knoblauchzehe, Saft einer ½ Zitrone und 2 EL bestem Olivenöl in der Küchenmaschine verarbeiten. Mit Salz und Pfeffer würzen. Dazu passt Rohkost oder frisches Brot.

Salat bedeutet heutzutage nicht einfach nur eine Mischung von Blättern. Nudeln, Getreide und handfestes Gemüse erweitern seine Palette. Achten Sie auf die Qualität, auch bei Essig, Öl, Kräutern und Gewürzen für das Dressing. Ein frischer Salat ist wunderbar knackig und aromatisch.

Salate

Bunter Salat

mit Rotwein-Kapern-Vinaigrette

Salate wie dieser sind wahre Verwandlungskünstler. Ersetzen Sie nach Lust und Laune die Zutaten. Wenn Sie beispielsweise keine Palmherzen bekommen, nehmen Sie einfach gut abgetropfte eingelegte Artischockenherzen.

1 Alle Salatzutaten in eine Schüssel mittlerer Größe geben.

2 Alle Vinaigrettezutaten in einem Glas mit Deckel gut vermischen und über den Salat gießen. Gründlich vermengen und servieren.

Vorbereitung

Außer Zwiebel und Basilikum können alle Salatzutaten am Morgen vor dem Verzehr vermischt und abgedeckt im Kühlschrank aufbewahrt werden. Die Vinaigrette kann am Tag vorher zubereitet werden, sollte aber erst kurz vor dem Servieren untergemischt werden.

ZUTATEN

2 rote Paprika, in 2,5 cm große Stücke geschnitten

125 g frische Bocconcini (kleine Mozzarellabällchen) oder 1 große Kugel Mozzarella, in Stücke zerteilt

200 g Palmherzen aus der Dose, in 1 cm dicke Scheiben geschnitten

2 Hühnereier aus Biolandhaltung oder 5 Wachteleier, hart gekocht, geschält und geviertelt

125 g italienische Salami, z. B. Pepperoni, in Scheiben geschnitten

3 zarte Stangen Sellerie mit Blättern, gehackt

1 kleine rote Zwiebel, fein gewürfelt

1 kleines Bund frisches Basilikum, in Stücke gezupft

Vinaigrette

2 EL Rotweinessig, z. B. Cabernet Sauvignon oder Chianti

3 EL bestes Olivenöl

½ Knoblauchzehe, fein gehackt

1 TL Kapern, abgespült und gehackt

Jeweils ½ TL Salz und Pfeffer

Vorbereitungszeit 20 Minuten

Ergibt 8 kleine Schalen oder 4 Vorspeisen

SCHNELL KOMBINIERT

Blinis mit Räucherlachs *(Seite 148)* • After-Eight-Eissandwiches *(Seite 215)* • Weißer Bohnen-Dip *(Seite 71)*

KLEINES BUFFET

Halloumi-Brot-Spieße *(Seite 106)* • Zucchiniröllchen *(Seite 160)* • Verschneite Schokoladenkekse *(Seite 204)*

Glasnudelsalat
mit Pfefferhähnchen

Statt der Glasnudeln aus Bohnenstärke können Sie es auch einmal mit sehr dünnen Reisnudeln versuchen. Sie sind weniger durchsichtig, schmecken aber ebenfalls unglaublich gut.

1 Für die Marinade Knoblauch, Koriandergrün, Chili und Pfeffer in der Küchenmaschine oder dem Mörser zu einer Paste zerreiben. Sesamöl, Fischsauce und Honig einarbeiten. Die Hähnchenschenkel mindestes 30 Minuten marinieren.

2 Das Hähnchen aus der Marinade nehmen und ohne Fettzugabe in der Pfanne braten, bis es sehr knusprig ist und schwarz zu werden beginnt. Sie können es auch im Grill garen. Zerteilen.

3 Die Nudeln in kochend heißem Wasser 5 Minuten einweichen, bis sie bissfest sind. Abgießen, mit kaltem Wasser abschrecken und mit Küchenpapier trocken tupfen. Mit der Schere in der Mitte durchschneiden und mit Zwiebel und Kräutern in eine Schüssel geben.

4 Für das Dressing Knoblauch, Chili, Zucker und Ingwer im Mörser zu einer Paste zerreiben und Limettensaft und Fischsauce einrühren. Gut mit dem Salat vermischen. In Schalen anrichten, das Hähnchenfleisch darauflegen und mit den Kräuterblättchen und Erdnüssen bestreuen.

Vorbereitung
Das Hähnchen kann über Nacht mariniert werden. Wenn Sie den Salat bis zu 2 Stunden im Voraus zubereiten, fügen Sie die Kräuter erst kurz vor dem Servieren zu, damit sie ihre grüne Farbe behalten.

SCHNELL KOMBINIERT	KLEINES BUFFET
Asiatischer Gurkensalat *(Seite 93)* • Sushi *(Seite 31)* • Ungeschälte Lychees *(Seite 215)*	Frühlingsrollen mit Meeresfrüchten *(Seite 176)* • Fünf-Gewürz-Rippchen mit Hoisin-Sauce *(Seite 132)* • Heilbutt-Happen *(Seite 140)*

ZUTATEN

1 Knoblauchzehe

1 kleine Hand voll Koriandergrün, fein gehackt

1 TL zerstoßene getrocknete oder frische rote Chili

1 EL schwarzer Pfeffer aus der Mühle

2 EL Sesamöl

2 EL Fischsauce

1 EL Honig

6 Hähnchenschenkel, entbeint, ohne Haut

150 g Glasnudeln

1 rote Zwiebel, halbiert und in feine Ringe geschnitten

1 große Hand voll frische Minze, Koriandergrün und Thaibasilikum (ersatzweise normales Basilikum)

Zerstoßene geröstete Erdnüsse, zum Garnieren

Dressing

1 Knoblauchzehe, zerdrückt

½ mittelgroße rote Chili, von den Samen befreit und fein gehackt

2 EL Palm- oder brauner Rohrzucker

1 EL geriebener Ingwer

Saft von 3 Limetten

2 EL Fischsauce

Zubereitungszeit 30 Minuten, zusätzlich 30 Minuten Marinierdauer

Ergibt 8 kleine Portionen

Dinkelsalat
mit Anchovis, Minze und Pecorino

Der knackige Dinkel kann durch Risottoreis ersetzt werden. Er sollte vor der Zubereitung gut gespült und dann bissfest gekocht werden.

1 Den Ofen auf 180 °C vorheizen. Dinkel waschen, abtropfen lassen, in einem kleinen Topf mit gesalzenem Wasser 30 Minuten köcheln, bis er zart, aber nicht musig ist. Währenddessen die Tomaten auf ein beschichtetes Backblech legen, mit Öl beträufeln, salzen und pfeffern. 20 Minuten backen. Aus dem Ofen nehmen und abkühlen lassen.

2 Die Zwiebelringe in einer großen Schüssel 10 Minuten in Zitronensaft stehen lassen, damit sie an Schärfe verlieren.

3 Für das Dressing das Öl in der Pfanne erhitzen und Anchovis und Knoblauch leicht braun werden lassen. Sobald sich die Farbe des Knoblauchs ändert, Essig, Honig, Salz und Pfeffer einrühren, bis sich alles gut verbunden hat. Von der Kochstelle nehmen.

4 Dinkel abgießen und zu den Zwiebelringen geben. Sellerie, Pecorino, Sultaninen, gebackene Tomaten und Dressing dazugeben und gut vermischen. Kräuter unterrühren und in Schälchen servieren.

Vorbereitung
Der klein geschnittene Salat hält sich bis zu 2 Stunden. Sollte er trocken werden, mischen Sie etwas zusätzliches Öl oder Essig darunter. Die Kräuter erst kurz vor dem Servieren untermischen, damit sie ihre Farbe nicht verlieren.

SCHNELL KOMBINIERT	KLEINES BUFFET
Marinierte Anchovis *(Seite 30)* • Marinierte Oliven *(Seite 30)* • Getoastetes Brioche mit Lemon Curd *(Seite 214)*	Frittierte Artischocken auf Römische Art *(Seite 12)* • Pilz-Maronen-Suppe *(Seite 38)* • Auberginenpüree *(Seite 64)*

ZUTATEN
250 g Dinkel, 1 Stunde in kaltem Wasser eingeweicht

250 g kleine Rispen- oder Kirschtomaten, halbiert

2 EL Olivenöl

Jeweils ½ TL Salz und Pfeffer

1 rote Zwiebel, in feine Ringe geschnitten

Saft von ½ Zitrone

3 zarte Stangen Sellerie, in feine Scheiben geschnitten

60 g Pecorino, grob geraspelt

4 EL Sultaninen, 10 Minuten in warmem Wasser eingeweicht

Jeweils 1 kleine Hand voll Minze, Basilikum und Petersilie, grob gehackt

Dressing

6 EL bestes Olivenöl

1 Anchovis, abgespült und gehackt

1 Knoblauchzehe, fein gehackt

4 EL Rotweinessig

1 TL Honig

Jeweils ½ TL Salz und Pfeffer

Vorbereitungszeit 30 Minuten

Garzeit 30 Minuten

Ergibt 8 kleine Schälchen oder 4 Vorspeisen

Salat aus gegrillten Auberginen

mit Granatapfel-Dressing

Granatapfelsirup ist der konzentrierte Saft aus den Kernen des Granatapfels. Als Ersatz können Sie einen Teelöffel Zitronensaft oder Rotweinessig mit einem Teelöffel Honig vermischen.

1 Den Grill auf hohe Temperatur erwärmen. Die Paprika mit der Haut nach oben auf ein beschichtetes Backblech legen. Unter den Grill schieben, bis die Haut schwarz ist. In einen Gefrierbeutel legen, verschließen und 5 Minuten ruhen lassen. Wenn sie kühl genug sind, die Haut abziehen und entfernen. Fruchtfleisch zur Seite stellen.

2 Auberginen mit Öl bepinseln, mit Zimt bestreuen und mit Salz und Pfeffer würzen. Unter dem Grill garen, bis sie auf beiden Seiten knusprig sind.

3 Für das Dressing alle Zutaten in ein Glas mit Deckel geben und gut durchschütteln.

4 Auberginen und Paprika auf Tellern anrichten. Mit Zwiebelringen, Feta und Kreuzkümmel bestreuen. Das Dressing darüberträufeln, mit Minze garnieren und sofort servieren.

Vorbereitung
Der Salat und das Dressing können am Morgen vor dem Verzehr zubereitet werden. Feta und Zwiebeln allerdings erst kurz vor dem Servieren dazugegeben. Zwiebeln, die bis zu 2 Stunden vorher geschnitten werden, sollten in Zitronensaft eingeweicht werden.

SCHNELL KOMBINIERT	KLEINES BUFFET
Dill-Joghurt-Dip *(Seite 71)* • Gewürzgarnelen *(Seite 148)* • Orangen mit Rosenwasser *(Seite 214)*	Lamm-Spieße mit Kreuzkümmel *(Seite 112)* • Feta mit Safran in Filoteig *(Seite 182)* • Pochierte Kardamom-Aprikosen *(Seite 211)*

ZUTATEN

2 rote Paprika, geviertelt

3–4 kleine Auberginen, der Länge nach in 2,5 cm breite Streifen geschnitten

6 EL bestes Olivenöl

½ TL gemahlener Zimt

1 kleine rote Zwiebel, halbiert und in Ringe geschnitten

200 g Feta, in 1 cm große Würfel geschnitten

1 TL Kreuzkümmel, ohne Fettzugabe in der Pfanne geröstet

1 kleines Bund Minze, grob gehackt, zum Garnieren

Dressing

1 kleine Knoblauchzehe, zerdrückt

Saft von 1 Zitrone

2 TL Granatapfelsirup *(siehe Seite 224)*

75 ml bestes Olivenöl

Jeweils 1 TL Salz und Pfeffer

Vorbereitungszeit 30 Minuten

Garzeit 15 Minuten

Ergibt 8 kleine Portionen oder 4 Vorspeisen

Salat aus gebratenem Halloumi
mit Oliven-Zitronen-Dressing

Halloumi ist ein zypriotischer Käse, der sich beim Braten golden färbt und weich wird. Das Oliven-Zitronen-Dressing bietet einen schönen Gegensatz zu dem salzigen Geschmack des Käses.

1 Alle Dressingzutaten in einer kleinen Schüssel vermischen und zur Seite stellen. Die Orangen gründlich schälen und die bittere weiße Haut entfernen. Ein Messer mit Sägezähnen benutzen und damit das Fleisch aus den Segmenten lösen.

2 Den Halloumi in 16 Stücke schneiden, jeweils 1 cm dick und 3 x 3 cm im Quadrat. Mit Mehl bestäuben, salzen und pfeffern. Olivenöl in der Pfanne stark erhitzen und jeweils mehrere Stücke Käse gleichzeitig golden und knusprig braten. Nach Bedarf mehr Öl zugeben.

3 Käse und Orangen auf den Tellern aufschichten. Dressing darüberträufeln und mit Petersilie bestreuen. Sie können auch alles auf einer Platte vermischen und jeden Gast selbst nehmen lassen.

Vorbereitung
Das Dressing kann am Vortag zubereitet werden. Die Orangen können am Morgen vor dem Servieren filetiert und im Kühlschrank aufbewahrt werden. Der Halloumi kann bis zu 1 Stunde vorher gebraten und kurz vor dem Servieren aufgewärmt oder mit Zimmertemperatur serviert werden.

ZUTATEN

2 Blut- oder Navelorangen

500 g Halloumi, abgetropft *(siehe Seite 224)*

125 g Mehl

Salz und Pfeffer

4 EL Olivenöl

1 kleines Bund glatte Petersilie, gehackt

Dressing

3 EL bestes Olivenöl

10 milde schwarze Oliven, entkernt und fein gehackt

1 mittelgroßes Bund glatte Petersilie, fein gehackt

1 TL Kapern, abgespült und gehackt

½ eingelegte Zitrone, nur die Schale, abgespült und fein gehackt

2 TL Rotweinessig

1 kleine rote Zwiebel, fein gewürfelt

Vorbereitungszeit 30 Minuten

Ergibt 8 kleine Portionen oder 16 große Vorspeisen

SCHNELL KOMBINIERT

Gebratene Chorizo *(Seite 149)* • Geröstete neue Kartoffeln mit Paprika *(Seite 173)* • Marinierte Anchovis *(Seite 30)*

KLEINES BUFFET

Gelbe Linsensuppe *(Seite 44)* • Romesco-Dip *(Seite 56)* • Garnelen im Serrano-Mantel *(Seite 108)*

Spinatsalat mit Pfefferbirnen

und Himbeer-Walnussöl-Dressing

Walnussöl macht auch den einfachsten Salat zur Delikatesse. Kaufen Sie es nur in kleinen Mengen, denn es verliert schnell sein nussiges Aroma.

1 Den Ofen auf 200 °C vorheizen. Die Brotwürfel auf einem beschichteten Backblech verteilen, mit Öl beträufeln und mit Salz und Pfeffer würzen. 6 Minuten goldbraun backen. Aus dem Ofen nehmen und abkühlen lassen.

2 Die Birnen grob in etwa 1 cm dicke Scheiben schneiden. Rundum mit dem frisch gemahlenen Pfeffer und 1 EL Zitronensaft bedecken. In einer anderen Schüssel die Zwiebel in den restlichen Saft legen.

3 Die Dressingzutaten in einem Glas mit Deckel gut vermischen. Spinat, Birnen, Pekannüsse, Zwiebel, Parmesanchips und Croûtons zusammen in Schälchen anrichten und kurz vor dem Servieren das Dressing darübergeben.

Vorbereitung

Parmesanchips, geröstete Nüsse, Croûtons und Dressing können am Vortag zubereitet und in luftdichten Behältern aufbewahrt werden. Die Zwiebel kann am Morgen vor dem Verzehr in den Zitronensaft gelegt werden.

ZUTATEN

2 Hand voll Sauerteigbrot oder Baguette, in 2,5 cm große Würfel geschnitten

3 EL Olivenöl

2 reife Comice- oder andere Birnen, geviertelt, das Kerngehäuse entfernt

1 EL frisch gemahlene rosa und schwarze Pfefferkörner

Saft von 2 Zitronen

1 kleine rote Zwiebel, gewürfelt

8 große Hand voll junger Blattspinat oder Mesclun (gemischter junger Salat), gewaschen

100 g Pekannüsse, geröstet

1 Portion Parmesanchips *(Seite 31)* oder 45 g grob gehobelter Parmesan

Dressing

2 EL Balsamico-Essig

1 EL Himbeer-Essig

1 EL Dijonsenf

½ Knoblauchzehe, fein gehackt

1 Schalotte, fein gehackt

5 EL Walnuss- oder Haselnussöl

Jeweils ½ TL Salz und Pfeffer

Vorbereitungszeit 20 Minuten

Garzeit 6 Minuten

Ergibt 8–10 Schälchen oder 4–6 Vorspeisen

SCHNELL KOMBINIERT

Gerösteter Spargel mit Balsamico-Essig *(Seite 172)* • Feta-Dip *(Seite 70)* • Melone im Prosciutto-Mantel *(Seite 31)*

KLEINES BUFFET

Mozzarella en carrozza *(Seite 22)* • Geröstete Garnelen und Tomaten *(Seite 145)* • Verschneite Schokoladenkekse *(Seite 204)*

Salat aus dreierlei Tomaten

mit Ziegenkäse und Croûtons

Die hier gelisteten Tomatensorten sind nur eine Anregung. Nehmen Sie einfach verschiedene reife Sorten. Wenn Sie zu den roten auch gelbe verwenden, sieht der Salat noch schöner und interessanter aus.

1 Den Ofen auf 200 °C vorheizen. Die Brotwürfel auf einem beschichteten Backblech verteilen, in Öl, Salz und Pfeffer wenden und 6 Minuten goldbraun backen. Vorsicht, dass sie nicht zu hart werden! Aus dem Ofen nehmen und abkühlen lassen. Währenddessen die Schalotten in einer Schale mit Zitronensaft einweichen.

2 Die Dressingzutaten in einem Glas mit Deckel gut vermischen. Tomaten und Basilikum in einer großen Schüssel mit dem Dressing vermengen. Auf 6–8 Schälchen verteilen, mit Ziegenkäse, Schalotten und Croûtons anrichten und servieren.

Vorbereitung
Die Croûtons halten sich 2 Tage in einem luftdichten Behälter. Das Dressing kann am Vortag zubereitet, die Tomaten bis zu 2 Stunden vorher geschnitten werden. Gießen Sie dann die austretende Flüssigkeit ab, bevor Sie den Salat mischen.

ZUTATEN

250 g Sauerteigbrot, Baguette oder Ciabatta, in 1 cm große Würfel geschnitten

2 EL bestes Olivenöl

Jeweils ½ TL Salz und Pfeffer

2 große Schalotten, in feine Ringe geschnitten

Saft von ½ Zitrone

500 g reife Kirsch-, Eier- oder Rispentomaten, halbiert

2 gestreifte oder gelbe Tomaten, geviertelt

2 gelbe und/oder rote Fleischtomaten, in Stücke geschnitten

1 großes Bund Basilikum, grob gehackt

100 g fester, milder Ziegenkäse, z. B. Chèvre blanc, zerkrümelt

Dressing

½ Knoblauchzehe, gehackt

1½ EL Rotweinessig, z. B. Cabernet Sauvignon

3½ EL bestes Olivenöl

½ TL Dijonsenf

Jeweils 1 Prise Salz, Pfeffer und Zucker

Vorbereitungszeit 10 Minuten

Garzeit 6 Minuten

Ergibt 6–8 kleine Portionen

SCHNELL KOMBINIERT

Möhren in Vinaigrette *(Seite 173)* • Melone im Prosciutto-Mantel *(Seite 31)* • Crostini mit frischem Krebsfleisch *(Seite 148)*

KLEINES BUFFET

Sizilianische Artischockenböden *(Seite 154)* • Bresaola-Birnen-Röllchen *(Seite 188)* • Schokoladenpudding mit Frangelico *(Seite 200)*

Arabischer Salat

mit Dill und knusprigem Pittabrot

Dieser lebhafte, farbenfrohe Salat ist eine exzellente Ergänzung zu orientalischen Menüs. Die kräftigen Aromen geben dem ansonsten puren Fleisch- oder Fischgenuss zusätzlichen Pfiff.

1 Den Ofen auf 200 °C vorheizen. Die Pittabrotwürfel auf einem beschichteten Backblech verteilen, in Öl wenden und in 5 Minuten golden und knusprig backen. Zwischendurch einmal wenden. Aus dem Ofen nehmen und abkühlen lassen.

2 Die Dressingzutaten in einem Glas mit Deckel gut vermischen.

3 In einer großen Schüssel Salat, Tomaten, Gurke, Frühlingszwiebeln, Paprika, Radieschen, Kräuter und Pittabrot vermengen.

4 Das Dressing darübergeben, abschmecken und gut vermischen. Auf 8 Schälchen oder 4 Vorspeisenteller verteilen. Nach Belieben mit Granatapfelkernen bestreuen.

Vorbereitung

Die Pittabrotwürfel können bis zu 4 Tage im Voraus geröstet und in einem luftdichten Behälter aufbewahrt werden. Das Dressing kann am Vorabend zubereitet werden. Abgedeckt bleiben die Salatzutaten im Kühlschrank bis zu 4 Stunden frisch.

SCHNELL KOMBINIERT	KLEINES BUFFET
Hummus mit geräuchertem Paprika *(Seite 70)* • Gebratene Chorizo *(Seite 149)* • Orientalische Süßigkeiten *(Seite 214)*	Spinat-Joghurt-Dip *(Seite 66)* • Feta mit Safran in Filoteig *(Seite 182)* • Lamm-Spieße mit Kreuzkümmel *(Seite 112)*

ZUTATEN

6 Pittabrote, mit der Schere in kleine Würfel geschnitten

3 EL bestes Olivenöl

2 Köpfe Mini-Romanasalat

250 g Kirschtomaten, halbiert

1 mittelgroße Gurke, entkernt, oder 3 kleine Gurken, gewürfelt

4 Frühlingszwiebeln, in dünne Ringe geschnitten

1 rote Paprika, gewürfelt

6 Radieschen, in dünne Scheiben geschnitten

1 kleines Bund frischer Dill, gehackt

1 kleines Bund frische Minze, fein gehackt

Granatapfelkerne, zum Garnieren *(nach Belieben)*

Dressing

1 kleine Knoblauchzehe, zerdrückt

Jeweils ½ TL Salz und Pfeffer

1 TL Zitronensaft

2 TL Rotweinessig oder Granatapfelsirup *(siehe Seite 224)*

75 ml bestes Olivenöl

Vorbereitungszeit 20 Minuten

Ergibt 8 Schälchen oder 4 Vorspeisen

Salat aus kurz gebratener Ente und Mango mit grüner Papaya

Grüne Papayas bekommen Sie im Asialaden. Damit sie knackig bleiben, sollten sie nicht gerieben, sondern in feine Streifen geschnitten werden. Sie können sie durch Reisnudeln ersetzen.

1 Den Ofen auf 200 °C vorheizen. Mit einem scharfen Messer die Haut der Ente kreuzweise einschneiden. Die Marinadenzutaten in einer Schüssel gut vermischen undie Entenbrüste mindestens 15 Minuten marinieren.

2 Eine beschichtete Pfanne sehr stark erhitzen. Die Ente aus der Marinade nehmen, mit Küchenpapier abwischen und mit der Haut nach unten in die Pfanne legen. Sobald die Haut braun ist, die Temperatur reduzieren. Braten, bis das Fett geschmolzen und die Haut dünn und knusprig ist. Auf ein beschichtetes Backblech legen und im Ofen 10 Minuten backen. Herausnehmen und 10 Minuten ruhen lassen, dann in dünne Scheiben schneiden.

3 Papaya, Mango und Kräuter auf 8 Schälchen verteilen. Fleisch darauflegen und mit Frühlingszwiebeln garnieren. Das Limetten-Chili-Dressing darüberträufeln, mit den Erdnüssen bestreuen und servieren.

Vorbereitung

Die Ente kann über Nacht im Kühlschrank marinieren. Die Salatzutaten und das Dressing können am Morgen für den Abend vorbereitet und bis zu 1 Stunde vor dem Servieren vermischt werden.

SCHNELL KOMBINIERT	KLEINES BUFFET
Frische Austern *(Seite 148)* • Sushi *(Seite 31)* • Frisch aufgeschnittene Ananas *(Seite 215)*	Klößchen mit Garnelen und Schweinefleisch *(Seite 184)* • Knusprige Jakobsmuschen *(Seite 24)* • Heilbutt-Happen *(Seite 140)*

ZUTATEN

2 Entenbrüste

1 mittelgroße grüne Papaya, in feine Streifen geschnitten

1 sehr feste Mango, in feine Streifen geschnitten

1 kleine Hand voll frisches Thai- oder normales Basilikum

1 kleine Hand voll frische Minze

1 kleine Hand voll Koriandergrün

4 Frühlingszwiebeln, der Länge nach in Streifen geschnitten, zum Garnieren

1 Portion Limetten-Chili-Dressing *(Seite 216)*, zum Servieren

3 EL zerstoßene geröstete Erdnüsse, zum Garnieren

Marinade

2 EL Sojasauce

1 EL Honig

1 EL geriebener Ingwer

1 TL zerstoßener schwarzer Pfeffer

Vorbereitungszeit 35 Minuten, zusätzlich 15 Minuten Marinierzeit

Ergibt 8 Schälchen oder 4 Vorspeisen

Schnelle Salate

Einfacher geht's nicht

Ein paar frische Zutaten, kurzes Waschen und Schneiden, ein schnell gemachtes Dressing und Ihrer Kreativität sind keine Grenzen gesetzt. Sehen Sie die Rezepte hier als schnelle Alternative zu den etwas aufwändigeren im vorangegangenen Kapitel und experimentieren Sie ganz nach Lust und Laune mit verschiedenen Salaten und Dressings.

Selleriesalat mit Pilzen und Pecorino

Champignons und Sellerieherz in Scheiben schneiden, sodass Sie jeweils 2 Hand voll erhalten. Mit 1 Hand voll geriebenem Pecorino in einer Schüssel vermischen. In einem Schälchen 1 EL Rotweinessig mit 2 EL bestem Olivenöl verrühren und abschmecken. Über den Salat träufeln und servieren.

Salat aus Feigen, Prosciutto und Mozzarella

Jeweils 4 reife Feigen und 4 Scheiben Prosciutto vierteln und auf einer Platte mit 1 kleinem Bund frischem Basilikum anrichten. 2 Kugeln Mozzarella in kleine Stücke zupfen und auf die Platte legen. 1 EL Balsamico-Essig und 2 EL bestes Olivenöl darüberträufeln und mit Salz und Pfeffer würzen. Auf der Platte oder in Schälchen servieren.

Junger Salat mit Walnussöl und Sherry-Essig

5 große Hand voll gemischten jungen Salat in eine Schüssel legen. In einem Schälchen 1 EL Sherry-Essig mit 2 EL Walnussöl verrühren und abschmecken. Salat mit Dressing vermischen und auf Schälchen verteilen.

Salat aus Palmherzen und Avocados

400 g Palmherzen aus der Dose abtropfen lassen. Palmherzen und 2 Avocados in Stücke schneiden und in eine Schüssel legen. 1 kleine Hand voll grob geraspelten Parmesan untermischen. In einem Schälchen 1 EL Rotweinessig und 2 EL bestes Olivenöl verrühren und abschmecken. Salat auf Schälchen verteilen und mit dem Dressing beträufeln.

Salat aus Radicchio, Orangen und Rucola

Jeweils 2 große Hand voll Rucola und klein geschnittene Radicchioblätter in einer Schale vermischen. 2 Orangen filetieren und dazugeben. In einem Schälchen 1 EL Balsamico-Essig und 2 EL bestes Olivenöl verrühren und mit Salz und Pfeffer würzen. Salat und Dressing mischen und in Schälchen servieren.

Tomaten-Kokos-Sambal

2 große Hand voll gehackte Kirschtomaten, 1 mittelgroße Gurke, gewürfelt, 1 kleine rote Zwiebel, gewürfelt, 1 kleine Hand voll gehacktes Koriandergrün, 2 EL Kokosraspel, ½ TL Kreuzkümmel, ½ TL gemahlene Chili und Saft von ½ Zitrone in einer Schüssel vermischen. In Schälchen servieren.

Wassermelonen-Salat mit Feta

1 kleine Wassermelone in Würfel oder Scheiben schneiden und auf einer Platte oder Tellern anrichten. 1 kleine Hand voll frische Minzeblätter, ein Stück Feta, zerkrümelt, und 1 rote Zwiebel, in feine Ringe geschnitten, dazugeben Saft einer Zitrone, 1 EL Balsamico-Essig und 1 EL bestes Olivenöl verrühren und über den Salat geben.

Wassermelonen-Salat mit Feta

Friseesalat mit Wachteleiern

1 EL Rotweinessig mit 2 EL bestem Olivenöl in einer Schüssel verrühren und abschmecken. 5 Hand voll Friseesalat daruntermischen und in Schälchen füllen. 6 halbierte weich gekochte Wachteleier darauf verteilen.

Chicoreesalat mit Anchovis-Zitronen-Dressing

Im Mörser 1 Anchovis und 1 Knoblauchzehe zerreiben und mit dem Saft einer Zitrone und 2 EL bestem Olivenöl verrühren. 4 Köpfe Chicoree in Ringe schneiden, mit dem Dressing vermischen, abschmecken und in Schälchen servieren.

Brunnenkressesalat mit Frühlingszwiebeln

5 große Hand voll Brunnenkresse oder anderen würzigen Salat in einer Schüssel mit 2 Frühlingszwiebeln, in Ringe geschnitten, vermischen. In einem Schälchen 1 EL Sesam, 1 TL Sojasauce, 1 TL Balsamico-Essig, 1 EL Olivenöl verrühren und abschmecken. Mit dem Salat vermengen und in Schälchen servieren.

Asiatischer Gurkensalat

4 sehr kleine Gurken in dünne Scheiben oder 1 große Gurke in 2 cm große Würfel schneiden. In einem Schälchen 1 EL Reiswein-Essig mit 1 TL Zucker verrühren und mit Salz und Pfeffer würzen. Mit der Gurke vermischen und in Schälchen servieren.

Libanesische Salatplatte

Die inneren Blätter eines Romanasalats, ein paar halbierte libanesische oder sehr kleine Gurken, 1 Hand voll Radieschen, frische Petersilie und Estragon und 1 in dicke Streifen geschnittene rote Paprika auf einer Platte anrichten.

Was ist eigentlich das Besondere an Essen am Spieß? Vielleicht ist es die Leichtigkeit, mit der jeder Bissen abgestreift und jedes Stück einzeln für sich ausgekostet werden kann, bevor der Spieß schließlich weggeworfen wird. Zeigen Sie auch bei der Auswahl der Spieße Geschmack. Natürlich können Sie Metall- oder Bambusspieße verwenden, aber Zitronengrasstängel oder Zuckerrohr machen das Ganze um einiges interessanter!

Spieße

Schwertfisch-Zitrus-Brochettes
mit Granatapfel-Dip

Der Schwertfisch ist ein fleischähnlicher, fester Fisch, der sich wegen seiner Konsistenz sehr gut zum Aufspießen eignet. Die klaren Zitrusaromen unterstreichen seinen zarten Geschmack.

1 Den Fisch mit Olivenöl und Knoblauch einreiben. Dann mit Zitronen- und Orangenschale, Chili, Fenchelsamen, Salz und Pfeffer bestreuen. Im Kühlschrank 30 Minuten bis 2 Stunden marinieren.

2 Jeweils 2 Fischstücke auf einen Spieß stecken. In eine beschichtete Pfanne legen und auf allen Seiten braun braten. Auf diese Weise erlangen Sie die beste Färbung, aber Sie können die Spießchen auch im Grill garen. Mit dem Granatapfeldip und Zitronen- oder Limettenschnitzen servieren.

Vorbereitung
Dip, Fischwürfel und Marinade können am Vortag vorbereitet und im Kühlschrank aufbewahrt werden. Wird der Fisch bis zu 2 Stunden im Voraus angebraten, sollte er nicht ganz gar sein, sondern kurz vor dem Servieren bei 200 °C im vorgeheizten Ofen aufgewärmt werden.

ZUTATEN

500 g Schwertfisch, in 50 Würfel à 2,5 cm geschnitten

1 EL bestes Olivenöl

1 Knoblauchzehe, zerdrückt

Schale von 1 unbehandelten Zitrone, gerieben

Schale von 1 unbehandelten Orange, gerieben

½ TL getrocknete Chili, zerstoßen

1½ EL Fenchelsamen, im Mörser zerstoßen

Jeweils ½ TL Salz und Pfeffer

25 Spießchen aus Metall oder Holz (weichen Sie Holzspieße vor Gebrauch 1 Stunde in Wasser ein, damit sie nicht anfangen zu brennen)

1 Portion Granatapfeldip *(Seite 217)*, zum Servieren

Zitronen- oder Limettenschnitze, zum Servieren

Vor- und Zubereitungszeit
20 Minuten

Ergibt 25 Spießchen

SCHNELL KOMBINIERT	KLEINES BUFFET
Hummus mit geräuchertem Paprika *(Seite 70)* • Wassermelonen-Salat mit Feta (Seite 93) • Orientalische Süßigkeiten *(Seite 214)*	Gelbe Linsensuppe *(Seite 44)* • Kichererbsen-Chili-Dip *(Seite 68)* • Salat aus gebratenem Halloumi *(Seite 82)*

Safranhuhn-Spieße
mit süßem Tomatenrelish

Die Marinade basiert auf der spanischen Tapas-Spezialität *Pinchitos murunos*, gegrilltem Schweinefilet mit Safran und Gewürzen. Pimentón, das süße geräucherte Paprikapulver, erhalten Sie im Delikatessengeschäft oder guten Supermärkten.

1 Alle Marinadenzutaten in einer Schüssel gut vermischen. Die Hühnerfleischwürfel leicht flach drücken, dann in der Marinade wenden, damit sie gut überzogen sind. Mindestens 1–2 Stunden im Kühlschrank marinieren.

2 Ofen auf 200 °C vorheizen. Jeweils einen Fleischwürfel aufspießen und würzen. Das Öl in einer beschichteten Pfanne erhitzen und die Spießchen auf jeder Seite anbraten, bis sie Farbe annehmen. Auf ein beschichtetes Backblech legen, mit Alufolie abdecken und im Ofen 5 Minuten weitergaren. Sie können die Spießchen auch im Grill fertig garen.

3 Die Spieße auf einer Platte anrichten, mit Koriandergrün garnieren und mit dem süßen Tomatenrelish servieren.

Vorbereitung
Das Relish hält sich bis zu 4 Tage im Kühlschrank. Die Spießchen können am Vortag mariniert und bis zu 2 Stunden vor dem Garen im Ofen angebraten werden.

ZUTATEN

3 Hühnerbrüste oder -schenkel, entbeint und ohne Haut, in 25 Würfel à 2,5 cm geschnitten

25 Holzspießchen, 1 Stunde in Wasser eingeweicht, damit sie nicht anbrennen

Salz und Pfeffer

1–2 EL Olivenöl

1 Portion süßes Tomatenrelish *(Seite 218)*, zum Servieren

Koriandergrün, zum Garnieren

Marinade

Jeweils ½ TL Kreuzkümmel, Koriander-, und Fenchelsamen, grob gemahlen

1 TL Pimentón *(siehe Seite 224)*

2 Knoblauchzehen, zerdrückt

1 Prise Safran, in 1 EL kochendem Wasser eingeweicht

1 EL Rotweinessig

1 EL Olivenöl

Zubereitungszeit 10 Minuten

Garzeit 15 Minuten

Ergibt 25 Spießchen

SCHNELL KOMBINIERT

Geröstete neue Kartoffeln mit Paprika *(Seite 173)* • Feta-Dip *(Seite 70)* • Gewürzgarnelen *(Seite 148)*

KLEINES BUFFET

Salat aus gebratenem Halloumi *(Seite 82)* • Auberginenpüree *(Seite 64)* • Arabischer Salat *(Seite 88)*

Farben

- Cremiges Elfenbeinweiß
- Warmes Orange
- Rosiges Pink
- Gold oder Silber
- Kühles Violett

Für den Tisch

- Teelichter und Kerzen
- Gläser mit Goldrand
- Tischdecken in zarten Farben
- Rote Rosenblütenblätter
- Bestickte Servietten

Orientalische Genüsse

Folgen Sie mir auf eine Reise entlang der Gewürzstraße. Wir beginnen im Iran und fahren weiter in die Türkei. Nach einem kleinen Zwischenstopp in Marokko landen wir schließlich in Spanien. Die Küchen all dieser Länder wurden von den Arabern geprägt, die wahre persische Küchenkunst hinterließen.

Ein traditionelles Menü aus dem Mittleren Osten besteht aus verschiedenen kleineren Gerichten, in deren Stil sich Tapas und Mezze wiederfinden. Vom Kichererbsen-Dip bis zu pikantem Gebäck bieten diese Häppchen Ihrem Gaumen bemerkenswerte Geschmackserlebnisse. Zitronen, Oliven, Koriander, Safran, Rosenwasser, getrocknete Aprikosen und Pistazien sind die Hauptprotagonisten dieser besonderen Küche. Aromatische Gewürze, frische Kräuter, Blätterteig und cremige Elemente werden in immer neuen köstlichen Variationen in Szene gesetzt.

Erfüllen Sie Ihr Heim mit dem sinnlichen Leuchten vieler Kerzen. Schmücken Sie den Tisch mit einer Tischdecke in einem zarten Farbton und aus luftigen Stoffen wie Voile, suchen Sie mit Gold verziertes Glasgeschirr und Teegläser heraus und streuen Sie rote Rosenblätter aus. Versetzen Sie sich in Tausendundeine Nacht und schaffen Sie die weiche, romantische Atmosphäre, die den Orient so besonders macht.

Aromen

- Scharfer Kreuzkümmel
- Klare Zitrone
- Luxuriöser Safran
- Getrocknete Früchte
- Duftendes Rosenwasser

Knabbereien

- Pistazien *(Seite 31)*
- Marinierte schwarze Oliven *(Seite 30)*
- Hummus mit geräuchertem Paprika *(Seite 70)*
- Gewürzgarnelen *(Seite 148)*
- Feta-Dip *(Seite 70)*

Buffet

Kichererbsen-Chili-Dip mit Pitta-Croûtons

Safranhuhn-Spieße mit süßem Tomatenrelish

Feta mit Safran in Filoteig mit eingelegter Zitrone und Zwiebeln

Salat aus gebratenem Halloumi mit Oliven-Zitronen-Dressing

Gelbe Linsensuppe mit Pflaumen, Aprikosen und Granatäpfeln

Pochierte Kardamom-Aprikosen mit Mascarpone und Pistazien

SCHNELL KOMBINIERT

Eingelegte schwarze Oliven *(Seite 30)*

Orangen mit Rosenwasser und Granatapfelkernen *(Seite 214)*

Feta-Dip *(Seite 70)*

Kichererbsen-Chili-Dip (*Seite 68*)

Safranhuhn-Spieße (*Seite 98*)

Feta mit Safran in Filoteig (*Seite 182*)

Salat aus gebratenem Halloumi (*Seite 82*)

Gelbe Linsensuppe (*Seite 44*)

Pochierte Kardamom-Aprikosen (*Seite 211*)

Zwei Tage vorher

- Süßes Tomatenrelish zubereiten
- Gelbe Linsensuppe kochen
- Schwarze Oliven einlegen

Am Vorabend

- Pitta-Croûtons zubereiten
- Safranhuhn marinieren
- Feta mit Safran in Filoteig vorbereiten
- Pochierte Kardamom-Aprikosen zubereiten

Am Morgen

- Basis für Kichererbsen-Dip pürieren
- Orangen schneiden
- Oliven-Zitronen-Dressing für den Halloumi-Salat mischen
- Orangen mit Rosenwasser zubereiten

Orangen-Champagner-Cocktail

Orangen gehören unentbehrlich zum Orient und passen perfekt zum Champagner unserer Breiten.

ZUTATEN

6-mal 2 cl Orangenwodka

6 Stück Würfelzucker

6 Himbeeren

6 Schuss Angostura Bitter

1 Flasche Champagner oder Sekt

Schale von 1 unbehandelten Orange

Ergibt 6 Cocktails

Jeweils 2 cl Wodka, 1 Stück Würfelzucker, 1 Himbeere und 1 Schuss Angostura Bitter in jedes Champagnerglas geben und mit Champagner aufgießen. Statt der Himbeeren können Sie auch Orangenwürfel oder Granatapfelkerne verwenden. Mit feinen Streifen Orangenschale verziert servieren.

Ein bis zwei Stunden vorher

- Kichererbsen-Dip fertig stellen
- Safranhuhn anbraten
- Halloumi für den Salat braten
- Pochierte Aprikosen auf Tellern anrichten
- Gelbe Linsensuppe aufwärmen
- Cocktailzutaten vorbereiten

Eine halbe Stunde vorher

- Süßes Tomatenrelish aufwärmen
- Safranhuhn in den Ofen schieben
- Orangen anrichten
- Feta mit Safran in Filoteig backen

Im letzten Moment

- Kichererbsen-Dip und Pitta-Croûtons hinstellen
- Safranhuhn anrichten
- Dressing über den Halloumi-Salat geben
- Feta mit Safran in Filoteig auf eine Platte legen
- Gelbe Linsensuppe auf Schälchen verteilen
- Cocktails zubereiten und ausschenken

Zitronengras-Rindfleisch-Spieße

mit Gurken-Erdnuss-Sauce

Sollte die Zeit knapp sein, servieren Sie zu den Spießen einfach Chili-Sauce aus der Flasche. Statt Filetsteak können Sie auch in sehr dünne Streifen geschnittene Hüft- oder Rumpsteaks verwenden.

1 Rinderfilet in 4 cm große Würfel, Hüft- oder Rumpsteak in sehr dünne Streifen schneiden. Die oberen zwei Drittel der Zitronengrasstängel abschneiden. Vom Rest die äußeren Blätter entfernen und das weiße Innere fein hacken.

2 Zitronengras, Knoblauch, Fischsauce, Sesamöl, Fünf-Gewürz-Pulver, Honig und Koriandergrün in einer flachen Schale vermischen. Fleisch darin wenden und mindestens 10 Minuten marinieren. Fleisch aus der Marinade nehmen und aufspießen.

3 In einer beschichteten Pfanne das Öl erhitzen. Spieße auf allen Seiten braun braten. Da das Fleisch sehr zart ist, dauert dieser Vorgang nur wenige Minuten. Vom Herd nehmen, mit Alufolie bedecken und 5 Minuten ruhen lassen. Sie können die Spieße auch grillen. Auf Salatblättern anrichten und den Gurken-Erdnuss-Dip dazureichen.

Vorbereitung
Das Fleisch kann bis 2 Tage vorher mariniert, der Dip am Morgen vor dem Verzehr zubereitet werden. Sie können die Spieße einige Stunden vorher anbraten, im Kühlschrank aufbewahren und kurz vor dem Servieren fertig garen.

ZUTATEN

500 g Rinderfilet, Hüft- oder Rumpsteak

4 Stängel Zitronengras

2 Knoblauchzehen, fein gehackt

2 EL Fischsauce

2 EL Sesamöl

1½ TL Fünf-Gewürz-Pulver

2 EL Honig

1 kleines Bund Koriandergrün, gehackt

25 Metall- oder Holzspieße (Holzspieße vor Gebrauch 1 Stunde einweichen, damit sie nicht anbrennen)

1 EL Pflanzenöl

Salatblätter, zum Servieren

1 Portion Gurken-Erdnuss-Dip *(Seite 218)*, zum Servieren

Vorbereitungs- und Garzeit 30 Minuten

Ergibt 20–25 Spieße

SCHNELL KOMBINIERT

Asiatischer Gurkensalat *(Seite 93)* • Würziger Erdnuss-Dip *(Seite 71)* • Exotischer Obstsalat *(Seite 215)*

KLEINES BUFFET

Kurz gebratener Thunfisch mit Sesam *(Seite 138)* • Schweinefleisch-Satays *(Seite 109)* • Avocado-Crostini *(Seite 164)*

Halloumi-Brot-Spieße

mit Zitronen-Anchovis-Drizzle

Statt des Halloumi können Sie auch gut Mozzarella verwenden. Behalten Sie ihn aber im Auge, da er schneller schmilzt. Nehmen Sie anderes Brot, wenn Sie wollen. Jedes Stück soll etwas Rinde haben, damit es auf dem Spieß bleibt.

1 Halloumi und Brot jeweils in 32 Würfel à 2,5 cm schneiden. Alle Brotwürfel sollten Kruste haben, damit sie nicht auseinanderfallen.

2 Für das Drizzle Knoblauch und Anchovis im Mörser zerreiben. In einem kleinen Topf mit Butter und Olivenöl auf niedriger Stufe 5 Minuten köcheln lassen. Vom Herd nehmen und Zitronensaft, -schale und Petersilie einrühren.

3 Jeweils 2 Würfel Käse und Brot abwechselnd aufspießen. Mit dem Drizzle bestreichen, mit Salz und Pfeffer würzen. In einer beschichteten Pfanne auf allen Seiten goldbraun anbraten. Sie können die Spieße auch im Grill garen.

Vorbereitung

Die Spieße können am Morgen vorbereitet und im Kühlschrank aufbewahrt werden. Vor dem Garen dann nur noch mit dem Drizzle bestreichen.

ZUTATEN

800 g Halloumi *(siehe Seite 224)*

1 kleiner Laib Sauerteigbrot

16 Holzspieße à 15 cm Länge (1 Stunde in Wasser eingeweicht, damit sie nicht anbrennen)

Drizzle

1 Knoblauchzehe, fein gehackt

2 Anchovis, abgespült und fein gehackt

30 g Butter

4 EL bestes Olivenöl

Saft von 1½ Zitronen

1 TL geriebene Schale einer unbehandelten Zitrone

1 kleine Hand voll frische Petersilie, fein gehackt

Vorbereitungszeit 20 Minuten

Garzeit 15 Minuten

Ergibt 16 Spieße

SCHNELL KOMBINIERT

Selleriesalat *(Seite 92)* • Avocado mit Balsamico-Essig *(Seite 173)* • Radieschen mit Tapenade *(Seite 173)*

KLEINES BUFFET

Pecorino-Suppe mit Fleischbällchen *(Seite 48)* • Geröstete Garnelen und Tomaten *(Seite 145)* • Schokoladenpudding mit Frangelico *(Seite 200)*

Garnelen im Serrano-Mantel
mit Salsa aus gerösteter Paprika

Geräucherte und geröstete rote Paprika heißen in Spanien Piquillo-Schoten. Sie werden im Glas angeboten. Sie können auch geröstete rote Paprika verwenden.

1 Jeweils eine Garnele mit einem Streifen Schinken umwickeln und auf einen Spieß stecken.

2 Für die Salsa 4 EL Öl in einem kleinen Topf erhitzen und die Knoblauchscheiben auf niedriger Stufe 3–5 Minuten goldbraun dünsten. Knoblauch herausnehmen und zur Seite stellen.

3 Essig, Honig, Salz und Pfeffer mit dem Öl im Topf bei niedriger Temperatur gut verrühren. In eine kleine Schüssel füllen und mit Knoblauch, Zwiebel, Paprika und Petersilie vermischen.

4 1 EL Öl in einer Pfanne erhitzen und die Spieße auf allen Seiten 1 Minute anbraten, bis der Schinken golden und die Garnelen gar sind. Die Salsa in Schälchen füllen und 1–2 Spieße darauflegen.

Vorbereitung

Spieße und Salsa können am Vortag zubereitet und im Kühlschrank aufbewahrt werden. Salsa zimmertemperiert servieren.

ZUTATEN

24 große Garnelen, geschält und vom Darm befreit

8 Scheiben Serrano, jeweils in 3 Streifen geschnitten

24 Holzspieße (1 Stunde in Wasser eingeweicht)

1 EL bestes Olivenöl

Salsa

4 EL bestes Olivenöl

2 Knoblauchzehen, in feine Scheiben geschnitten

2 EL Sherry-Essig

2 TL Honig

Jeweils ½ TL Salz und Pfeffer

1 kleine rote Zwiebel, fein gewürfelt

8 Piquillo-Schoten, fein gewürfelt *(siehe Seite 224)*

4 EL frische, glatte Petersilie, fein gehackt

Vorbereitungszeit 30 Minuten

Garzeit 10 Minuten

Ergibt 24 Spieße

SCHNELL KOMBINIERT

Salat aus Palmherzen und Avocados *(Seite 92)* • Feta-Dip *(Seite 70)* • Vanilleeis mit süßem Sherry und Pfeffer *(Seite 214)*

KLEINES BUFFET

Knusprige Chorizo-Quesadillas *(Seite 186)* • Rindfleisch-Süßkartoffel-Spieße *(Seite 114)* • Pesto aus Roter Bete *(Seite 67)*

Schweinefleisch-Satays auf Zitronengras mit würziger Erdnuss-Sauce

Zitronengras-Spieße unterstreichen die exotische Note.

1 Den Ofen auf 200 °C vorheizen. Den oberen Teil von 4 Zitronengrasstängeln abschneiden. Die Blätter entfernen und die weiße Zwiebel fein hacken. Koriandergrün hacken – ein paar Blättchen ganz lassen – und mit Zitronengras, Hackfleisch, Knoblauch, Schalotten, Fischsauce, Ei, Maismehl, Currypaste und Pfeffer vermischen. 20 Bällchen formen.

2 Das restliche Zitronengras der Länge nach halbieren. Mit bemehlten Händen die Fleischbällchen auf die Stäbe schieben und andrücken. Mit Zucker bestreuen und zur Seite stellen.

3 Das Öl in der Pfanne erhitzen und die Satays 1 Minute auf jeder Seite goldbraun braten. Auf ein beschichtetes Backblech legen, mit Alufolie abdecken und im Ofen 5 Minuten backen. Mit Koriandergrün garnieren und mit der würzigen Erdnuss-Sauce servieren.

Vorbereitung
Sauce und Fleischbällchen können am Vortag angerichtet und im Kühlschrank aufbewahrt werden. Die Fleischspieße kann man am Morgen vor dem Verzehr vorbereiten.

ZUTATEN

14 Stängel Zitronengras
1 kleines Bund Koriandergrün
500 g mageres Schweinehackfleisch
3 Knoblauchzehen, fein gehackt
3 Schalotten, fein gehackt
2 EL Fischsauce
1 Ei, verquirlt
1 EL Maismehl
1 EL rote Currypaste
½ TL Pfeffer
2 EL Reis- oder Weizenmehl
Zucker, zum Bestreuen
1 EL Pflanzenöl
1 Portion würzige Erdnuss-Sauce *(Seite 218)*, zum Servieren

Vorbereitungszeit 20 Minuten
Garzeit 30 Minuten
Ergibt 20 Satays

SCHNELL KOMBINIERT

Karamellisierte Ananas vom Grill *(Seite 214)* • Garnelen-Gurken-Spieße *(Seite 149)* • Gedämpfte Edamame *(Seite 173)*

KLEINES BUFFET

Thailändische Maispuffer *(Seite 26)* • Rote Curry-Suppe mit Kürbis *(Seite 46)* • Salat aus kurz gebratener Ente und Mango *(Seite 90)*

Lachs-Ananas-Spieße mit Chili-Glasur und Limetten-Crème-fraîche

Getrocknete Chilis geben Glasuren und Saucen eine Tiefe, die frische Chilis nicht erreichen können. Ancho-Chilis haben einen subtilen, fruchtigen Geschmack.

1 Für die Glasur die Chili mit kochend heißem Wasser übergießen und 15 Minuten einweichen. Währenddessen Knoblauch und Zwiebel in einer großen beschichteten Pfanne ohne Fett bei mittlerer Temperatur etwa 7 Minuten unter Rühren rundum schwarz werden lassen. Vom Herd nehmen und abkühlen. Den Knoblauch schälen.

2 Chili abgießen und in einem Mixer oder der Küchenmaschine mit Knoblauch, Zwiebel, Essig, Zucker und Salz zu einem glatten Püree verarbeiten. In eine kleine Schüssel füllen. In einer anderen Schüssel Limettenschale und Saft mit Crème fraîche vermischen.

3 Den Ofen auf 200 °C vorheizen. Jeweils einen Würfel Lachs und Ananas auf die Spieße stecken und mit der Glasur bestreichen. Das Öl in einer beschichteten Pfanne erhitzen und nach und nach die Spieße auf jeder Seite 1 Minute anbraten, bis sie Farbe bekommen. Auf ein beschichtetes Backblech legen, mit Alufolie abdecken und im Ofen 5 Minuten backen. Die Spieße können auch im Grill fertig garen. Mit Koriandergrün garnieren und mit Limetten-Crème fraîche servieren.

Vorbereitung

Die Glasur kann bis zu 1 Woche vorher zubereitet und abgedeckt im Kühlschrank aufbewahrt werden. Am Vortag vorbereitete Spieße ebenfalls in den Kühlschrank stellen.

SCHNELL KOMBINIERT	KLEINES BUFFET
Geröstete Süßkartoffeln mit Kreuzkümmel *(Seite 172)* • Fruchtsalsa *(Seite 70)* • Mangofool *(Seite 215)*	Schwarzer Bohnen-Dip *(Seite 58)* • Gegrillte Garnelen *(Seite 141)* • Nachos mit Krebsfleisch und Gruyère *(Seite 142)*

ZUTATEN

200 g Crème fraîche oder Schmand

Saft und geriebene Schale von 1 unbehandelten Limette

500 g dickes Lachsfilet, in 2,5 cm große Würfel geschnitten

1 kleine Ananas, in 2,5 cm große Würfel geschnitten

25 Metall- oder Holzspieße *(Holzspieße 1 Stunde in Wasser einweichen, damit sie nicht anbrennen)*

2 EL Pflanzenöl

Koriandergrün, gehackt, zum Garnieren

Glasur

1 getrocknete Ancho-Chili, von Samen und Stiel befreit

6 ungeschälte Knoblauchzehen

1 kleine gelbe Zwiebel, in dicke Ringe geschnitten

60 ml Apfelessig

4 EL brauner Rohrzucker

½ TL Salz

Vorbereitungszeit 40 Minuten

Garzeit 20 Minuten

Ergibt 20–25 Spieße

Lamm-Spieße mit Kreuzkümmel
und Salat aus roten Zwiebeln

Nehmen Sie das weiche Fladenbrot als Besteck für Salat und Lamm. Wenn Sie keinen Sirup bekommen, ersetzen Sie ihn durch jeweils einen Esslöffel Honig und Zitronensaft.

1 Alle Marinadenzutaten in einer mittelgroßen Schüssel vermischen und das Lamm dazugeben. Mindestens 30 Minuten marinieren. Jeweils 1 oder 2 Fleischwürfel aufspießen und bis zum Grillen zur Seite stellen.

2 Für den Salat die Zwiebel mit Zitronensaft, Salz und Pfeffer in eine Schüssel geben. 5 Minuten ruhen lassen, damit der scharfe Geschmack der Zwiebel nachlässt, dann mit Petersilie, Paprika und Öl gut vermischen. Zur Seite stellen.

3 Öl in einer beschichteten Pfanne erhitzen und die Spieße von allen Seiten gut anbraten. Herausnehmen und unter Alufolie 5 Minuten ruhen lassen. Sie können die Spieße auch grillen. Auf kleinen Tellern oder einer Platte mit Salat und Pittabrot servieren. Nach Belieben mit Granatapfelkernen garnieren.

Vorbereitung
Das Fleisch kann bis zu 2 Tage marinieren. Sie können es 4 Stunden vor dem Verzehr anbraten, in den Kühlschrank stellen und müssen es dann nur noch 5 Minuten im vorgeheizten Ofen bei 200 °C fertig garen. Der Salat kann bis zu 2 Stunden im Voraus zubereitet werden.

SCHNELL KOMBINIERT	KLEINES BUFFET
Geröstete neue Kartoffeln mit geräuchertem Paprika *(Seite 173)* • Joghurt-Dill-Dip *(Seite 71)* • Marinierte schwarze Oliven mit Orange *(Seite 30)*	Spinat-Joghurt-Dip *(Seite 66)* • Feta mit Safran in Filoteig *(Seite 182)* • Arabischer Salat *(Seite 88)*

ZUTATEN

500 g Lammfilet, Keule oder Schenkelsteak, in 4 cm große Würfel geschnitten

20–25 Spieße (Holzspieße 1 Stunde in Wasser einweichen, damit sie nicht anbrennen)

1 EL Pflanzenöl

Pitta- oder anderes Fladenbrot, zum Servieren

Frische Granatapfelkerne, zum Garnieren (nach Belieben)

Marinade

4 EL Granatapfelsirup *(siehe Seite 224)*

1 TL Kreuzkümmel, leicht geröstet

4 Knoblauchzehen, zerdrückt

Jeweils 1 TL Salz und Pfeffer

Salat

1 rote Zwiebel, halbiert und in dünne Ringe geschnitten

Saft von ½ Zitrone

Jeweils ½ TL Salz und Pfeffer

1 große Hand voll Petersilie, grob gehackt

½ TL Delikatess-Paprika oder Sumak *(siehe Seite 224)*

1 EL bestes Olivenöl

Vorbereitungs- und Garzeit
20 Minuten, zusätzlich 30 Minuten bis 1 Nacht Marinierzeit

Ergibt 20–25 Spieße

Rindfleisch-Süßkartoffel-Spieße

mit Chimmichuri-Sauce

Chimmichuri ist eine kräftige Sauce mit Chilis und Kräutern, die gut zu Fleisch passt. Statt des Filets können Sie auch andere zarte Stücke vom Rind nehmen.

1 Alle Marinadenzutaten in einer Schüssel vermischen und das Fleisch darin 1 Stunde ziehen lassen.

2 Währenddessen den Ofen auf 200 °C vorheizen. Die Süßkartoffeln in einer Auflaufform mit dem Öl überziehen, mit Salz und Pfeffer würzen. 20 Minuten rösten. Aus dem Ofen nehmen und abkühlen lassen.

3 Für die Sauce alle Zutaten in einer Schüssel vermischen. Sie können alles auch in der Küchenmaschine zerkleinern und pürieren. Dann sollten Sie zuerst Chilis und Knoblauch verarbeiten.

4 Jeweils abwechselnd Süßkartoffel- und Fleischwürfel aufspießen und bis zum Grillen zur Seite stellen. Den Grill auf hohe Temperatur erhitzen und die Spieße etwa 2 Minuten auf jeder Seite grillen, bis sie an den Kanten knusprig sind. Mit Folie abdecken und 5 Minuten ruhen lassen. Noch warm mit der Sauce servieren.

Vorbereitung

Das Fleisch kann bis zu 2 Tage abgedeckt im Kühlschrank marinieren. Sie können es am Vorabend auf die Spieße stecken und 4 Stunden vor dem Verzehr die Sauce zubereiten.

SCHNELL KOMBINIERT

Salat aus Palmherzen und Avocados *(Seite 92)* • Tapas *(Seite 30)* • Gebratene Chorizo *(Seite 149)*

KLEINES BUFFET

Schwarzer Bohnen-Dip *(Seite 58)* • Nachos mit Krebsfleisch und Gruyère *(Seite 142)* • Gegrillte Garnelen *(Seite 141)*

ZUTATEN

500 g Rinderfilet oder Lende, in 4 cm große Würfel geschnitten

3 Süßkartoffeln, in 4 cm große Stücke geschnitten

2 EL Olivenöl

20 Spieße, Holzspieße 1 Stunde in Wasser einweichen, damit sie nicht anbrennen

Marinade

1 EL Olivenöl

1 EL Kreuzkümmel, gemahlen

Jeweils ½ TL Salz und Pfeffer

Sauce

1 Jalapeño oder andere grüne Chili, von den Samen befreit und fein gehackt

2 Knoblauchzehen, fein gehackt

1 kleines Bund Koriandergrün, fein gehackt

1 großes Bund Petersilie, fein gehackt

½ TL Pimentón *(siehe Seite 224)*

125 ml bestes Olivenöl

3 EL Rotweinessig, z. B. Cabernet Sauvignon oder ein starker Chianti

Jeweils ½ TL Salz und Pfeffer

Vorbereitungszeit 20 Minuten, zusätzlich 1 Stunde Marinierzeit

Garzeit 25 Minuten

Ergibt 20 Spieße

Ob Sie die Knochen Ihres Koteletts als natürliche Spieße gebrauchen oder lieber die altbewährte Gabel verwenden, Fleischessen ist in jedem Fall eine taktile Erfahrung mit archaischer Anziehungskraft. Experimentieren Sie mit frischen Kräutern und Gewürzen oder kräftigen Marinaden und freuen Sie sich auf nahrhafte Leckerbissen!

Fleisch

Rosmarin-Lammchops
mit frischer Minz-Petersiliensauce

Für dieses schlichte, aber köstliche Gericht verwenden Sie am besten zwei Lammrücken. Kaufen Sie sie bereits vom Fett befreit, damit die Chops mit der Hand gegessen werden können. Sie können stattdessen auch 12 Lammkoteletts nehmen.

1 Öl, Essig und Rosmarin in einer Schüssel vermischen. Die Fleischstücke mit Backpapier bedecken und mit dem Nudelholz oder Fleischklopfer leicht flach drücken. In der Ölmischung wenden und mindestens 1 Stunde marinieren.

2 Den Grill auf hohe Temperatur vorheizen. Das Fleisch aus der Marinade nehmen und 2 Minuten auf jeder Seite grillen. Mit Alufolie bedecken und einige Minuten ruhen lassen. Mit der frischen Minz-Petersiliensauce servieren.

Vorbereitung
Die Lammchops können bis zu 2 Tage im Voraus mariniert und abgedeckt im Kühlschrank aufbewahrt werden. Die Sauce kann am Morgen vor dem Verzehr zubereitet werden.

ZUTATEN

1 EL Olivenöl

2 EL Balsamico-Essig

1 EL frischer Rosmarin, gehackt

2 Lammrücken, in 12 Chops geschnitten, die Knochen vom Fett befreit

1 Portion frische Minz-Petersiliensauce *(Seite 216)*, zum Servieren

Vorbereitungszeit 15 Minuten, zusätzlich 1 Stunde Marinierdauer

Garzeit 8 Minuten

Ergibt 12 Lammchops

SCHNELL KOMBINIERT

Friséesalat mit Wacheleiern *(Seite 93)* • Knusprige Schalotten *(Seite 173)* • Biscotti, Mascarpone und Dessertwein *(Seite 215)*

KLEINES BUFFET

Frittierte Artischocken auf Römische Art *(Seite 12)* • Rote-Beete-Suppe mit Orangen *(Seite 40)* • Dinkelsalat *(Seite 78)*

Knuspriges Schweine-Larb mit Mango und Chili-Limetten-Dressing

Larb bedeutet auf Thailändisch »Fleisch«. Das Fleisch wird in der Pfanne knusprig gebraten und dann im Dressing gewendet.

1 Das obere Drittel und das harte Endstück des Zitronengrases entfernen. Das weiße Innere in feine Scheiben schneiden. Das Öl in einer großen, schweren Pfanne auf mittlere Temperatur erhitzen und das Zitronengras etwa 2 Minuten anbraten, bis es weich ist.

2 Auf hohe Temperatur schalten und das Schweinehackfleisch dazugeben. Mit der Gabel auflockern, wenn es auf der Unterseite knusprig und braun ist. Den Zucker einrühren und unter Rühren etwa 5 Minuten weiterbraten, bis das Fleisch gar ist. Vom Herd nehmen.

3 Das Dressing über das Fleisch gießen, Zwiebel, Mango und Koriandergrün vorsichtig unterheben. Die Salatblätter als Servierschälchen oder Löffel benutzen.

Vorbereitung
Bereiten Sie die Zutaten und das Dressing schon am Morgen vor dem Verzehr vor. Geben Sie 1 Stunde vor dem Servieren das Dressing über das warme Fleisch.

ZUTATEN

3 Stängel Zitronengras

2 EL Öl

400 g mageres Schweinehackfleisch

1 EL brauner Rohrzucker

1 Portion Chili-Limetten-Dressing *(Seite 216)*

1 kleine rote Zwiebel, fein gewürfelt

1 reife, schnittfeste Mango, gewürfelt

3 EL Koriandergrün, gehackt

20 Blätter Mini-Romanasalat, gekühlt, zum Servieren

Zubereitungszeit 20 Minuten

Garzeit 10 Minuten

Ergibt 20 Salatschälchen

SCHNELL KOMBINIERT

Würzige Erdnuss-Sauce *(Seite 218)* • Garnelen-Gurken-Spießchen *(Seite 149)* • Exotischer Obstsalat *(Seite 215)*

KLEINES BUFFET

Thailändische Maispuffer *(Seite 26)* • Kurz gebratener Thunfisch mit Sesam *(Seite 138)* • Gegrillte Thai-Auberginen *(Seite 170)*

Farben

- Himmelblau
- Senfgelb
- Weiches Azurblau
- Zartes Lavendelblau
- Gebrochenes Weiß

Für den Tisch

- Altes weißes Porzellan
- Besteck mit Horngriffen
- Gelbe Mimosenblüten
- Rustikale Terrakottateller
- Servietten aus reinem Leinen

Mediterran tafeln

Rund um das Mittelmeer gehen die Menschen mit mehr Leidenschaft und Hingabe an kulinarische Freuden heran als irgendwo sonst auf der Welt. Gutes Essen ist hier essentiell und die Mahlzeiten Höhepunkte im Tagesablauf. Sicher würden wir unsere Prioritäten auch anders setzen, wenn wir unser Essen das ganze Jahr über im Freien und bei wohltuendem Sonnenschein einnehmen könnten …

Wirklich herausragende mediterrane Gerichte können Sie nur mit frischen Zutaten zaubern. Jede Jahreszeit bringt eigene Köstlichkeiten hervor: der Frühling die Artischocken, der Sommer Tomaten, der Herbst Pilze und der Winter den bitteren Radicchio. Glücklicherweise gibt es für das köstliche Olivenöl keine Saison, genau wie bei Kapern, Anchovis und nussigem Parmesan. Frische und Geschmack liefern auch Kräuter wie Salbei, Basilikum, Petersilie und Dill, die nicht aus der mediterranen Küche wegzudenken sind.

Setzen Sie bei der Tischdekoration auf Leinenstoffe in fröhlichem Himmelblau oder erdigem Senfgelb, rustikale weiße oder terrakottafarbene Teller und Schüsseln und schönes, altes Besteck mit glatten Metall- oder Horngriffen. Arrangieren Sie frische Blumen in einem großen Krug oder einer Kanne, öffnen Sie eine Flasche Campari Soda und tauchen Sie Ihr Heim in Wärme und Glanz der mediterranen Sonne.

Aromen

- Reichhaltiges Olivenöl
- Salbei, Basilikum, Petersilie und Dill
- Salzige Kapern und Anchovis
- Würziger Käse
- Frische Zitronen

Knabbereien

- Marinierte Anchovis *(Seite 30)*
- Parmesanchips *(Seite 31)*
- Melone im Prosciutto-Mantel *(Seite 31)*
- Gerösteter Knoblauch mit Brot *(Seite 71)*
- Tapas oder Antipasti *(Seite 30)*

Buffet

Frittierte Artischocken auf Römische Art mit Safran-Aioli

Bresaola-Birnen-Röllchen mit Rucola und Parmesan

Salat aus dreierlei Tomaten mit Ziegenkäse und Croutons

Gorgonzola-Crostini mit Knoblauchkohl und Sultaninen

Rosmarin-Lammchops mit frischer Minz-Petersiliensauce

Schokoladenpudding mit Frangelico und Haselnüssen

SCHNELL KOMBINIERT

Pesto und Aioli mit Grissini *(Seite 70)*

Marinierte grüne Oliven mit Sellerie *(Seite 30)*

Melone im Prosciutto-Mantel *(Seite 31)*

Frittierte Artischocken auf Römische Art (*Seite 12*)

Bresaola-Birnen-Röllchen (*Seite 188*)

Salat aus dreierlei Tomaten (*Seite 86*)

Gorgonzola-Crostini (*Seite 166*)

Rosmarin-Lammchops (*Seite 118*)

Schokoladenpudding mit Frangelico (*Seite 200*)

Zwei Tage vorher

- Croûtons für den Salat zubereiten
- Basis für die Crostini backen
- Lammchops marinieren
- Grüne Oliven einlegen

Am Vorabend

- Artischocken vorbereiten und in Zitronenwasser legen
- Safran-Aioli anrichten
- Schokoladenpudding zubereiten

Vier Stunden vorher

- Bresaola-Birnen-Röllchen zubereiten
- Tomaten für den Salat hacken
- Melone in Prosciutto wickeln

Campari Soda mit Blutorangen

Campari hat einen leicht bitteren Geschmack, der gut zu süßem Blutorangensaft und sprudelndem Sodawasser passt. Besonders Italiener lieben diesen kühlen, erfrischenden Aperitif.

ZUTATEN

Eis

125 ml Campari

570 ml Sodawasser

½ l Blutorangen- oder Mandarinensaft

1 unbehandelte Orange, in Scheiben geschnitten, zum Garnieren

Ergibt 4 Cocktails

4 hohe Cocktailgläser zur Hälfte mit Eis füllen und den Campari darauf verteilen. Orangensaft und Sodawasser in die Gläser geben. Jedes Glas mit einer Orangenscheibe verzieren.

Eine Stunde vorher

- Oliven aus dem Kühlschrank nehmen
- Artischocken frittieren und bei niedriger Temperatur im Ofen warmhalten
- Gemüse für die Gorgonzola-Crostini zubereiten
- Cocktailzutaten vorbereiten

Eine halbe Stunde vorher

- Tomatensalat mit Basilikum und Dressing vermischen
- Gorgonzola-Crostini fertig stellen und anrichten
- Lammchops kurz anbraten und in Alufolie warm halten
- Pesto, Aioli und Grissini anrichten

Im letzten Moment

- Artischocken aus dem Ofen nehmen, Safran-Aioli dazustellen
- Bresaola-Birnen-Röllchen anrichten
- Tomatensalat fertig stellen
- Lammchops auf eine Platte legen, Sauce in eine Schale geben
- Melone bereitstellen
- Cocktails zubereiten und ausschenken

Kurz angebratene Zimt-Ente
mit Mango-Chutney und Pappadums

Die Ente gewinnt ungleich mehr Aroma, wenn Sie sie über Nacht in der Marinade liegen lassen. Selbstverständlich können Sie auch fertiges Chutney verwenden, wenn die Zeit nicht ausreicht, um es selber zuzubereiten.

1 Die Haut der Ente kreuzweise einschneiden. Alle Zutaten für die Marinade in einer flachen Schüssel vermischen und die Ente mindestens 1 Stunde darin marinieren, am besten über Nacht.

2 Den Ofen auf 200°C vorheizen. Ente aus der Marinade nehmen und auf Küchenpapier abtropfen lassen. Eine beschichtete Bratpfanne stark erhitzen und die Ente darin mit der Haut nach unten braun anbraten. Die Temperatur reduzieren und das Fett der Ente etwa 5 Minuten schmelzen lassen, bis die Haut durchsichtig und sehr dünn ist.

3 Das Fleisch in eine kleine ofenfeste Form legen und im Ofen 10 Minuten rösten. Herausnehmen und 10 Minuten auf einem Schneidebrett ruhen lassen, dann in sehr dünne Scheiben schneiden. Zum Servieren die Ente in kleinen Schüsseln mit einem Löffel Chutney, Rucola und Pappadumstücken oder Naanscheiben anrichten.

Vorbereitung
Das Fleisch kann bis zu 2 Tage in der Marinade liegen. Wenn Sie es kalt servieren, kann es am Vortag zubereitet werden. Soll es warm gereicht werden, bräunen Sie es am Vortag lediglich an. Das Chutney hält sich bis zu 1 Woche im Kühlschrank.

SCHNELL KOMBINIERT	KLEINES BUFFET
Raita mit Naan-Brot *(Seite 71)* • Chutneys und Pickles *(Seite 70)* • Gewürzgarnelen *(Seite 148)*	Kokos-Garnelen *(Seite 14)* • Heilbutt-Päckchen *(Seite 146)* • Erbsen-Garnelen-Samosas *(Seite 194)*

ZUTATEN

2 Entenbrüste

1 Portion Mango-Chutney *(Seite 216)*, zum Servieren

2 Hand voll Rucola, zum Servieren

Pappadums oder Naan-Brot, zum Servieren *(siehe Seite 224)*

Marinade

1 EL Sojasauce

1 TL Honig

½ TL Fünf-Gewürz-Pulver

½ TL Zimt

1 cm frischer Ingwer, gerieben

½ TL Pfeffer, frisch gemahlen

Vorbereitungszeit 45 Minuten, zusätzlich 1 Stunde bzw. 1 Nacht zum Marinieren

Garzeit 15 Minuten

Ergibt 8 kleine Portionen

Glasierte Chicken Wings
in Teriyaki-Sauce

Nehmen Sie möglichst Geflügel aus Bio-Haltung, weil es mehr Geschmack hat. Die Flügel sind einfacher zu essen, wenn Sie sie halbieren. Sie können auch Ihren Metzger darum bitten.

1 Alle Zutaten für die Teriyaki-Sauce in einer kleinen Kasserolle erhitzen, bis sich der Zucker aufgelöst hat. In eine große Schüssel geben.

2 Die Hühnerflügel jeweils am Gelenk knicken und mit einer Geflügelschere oder einem Hackbeil zerteilen. In die Teriyaki-Sauce legen, abdecken und über Nacht im Kühlschrank marinieren.

3 Den Ofen auf 180 °C vorheizen. Die Hühnerflügel aus der Marinade nehmen und auf ein beschichtetes Backbleck legen. Mit Alufolie bedecken und 30 Minuten garen. Folie abnehmen und weitere 15 Minuten rösten, bis die Flügel glänzen und an den Kanten knusprig sind.

Vorbereitung
Die Marinade hält sich bis zu 1 Woche im Kühlschrank. Die Chicken Wings können bis zu 72 Stunden in der Marinade liegen, bevor sie gegart werden.

ZUTATEN

2,3 kg Hühnerflügel

Sauce

60 ml dunkle Sojasauce

60 ml Sake

2 EL Mirin

5 EL Zucker

125 ml Aprikosensaft

1 EL frischer Ingwer, gerieben

2 Knoblauchzehen, fein gehackt

1 TL Tabasco

Saft von ½ Zitrone

2 EL Reisessig

Vorbereitungszeit 15 Minuten, zusätzlich 1 Nacht zum Marinieren

Garzeit 45 Minuten

Ergibt 30 Chicken Wings

SCHNELL KOMBINIERT

Gedämpfte Edamame *(Seite 173)* • Wassermelone *(Seite 215)* • Gurken-Garnelen-Spieße *(Seite 149)*

KLEINES BUFFET

Safran-Kokossuppe *(Seite 42)* • Heilbutt-Happen *(Seite 140)* • Glasnudelsalat *(Seite 76)*

Hainan-Hähnchen

mit süßer Soja-Chili-Dipsauce

Dieses Rezept fußt auf einem klassischen chinesischen Rezept, in dem das Hähnchen im Ganzen gegart wird. Hier variiere ich es zu Happen, die von Gurkenstreifen zusammengehalten werden, auf knackigem Salat.

1 Den Fond in einer Kasserolle aufkochen und die Hühnerbrüste 5 Minuten pochieren. Von der Kochstelle nehmen. Mit Deckel 30 Minuten ruhen lassen.

2 Flüssigkeit abgießen. Das Fleisch auf einem Brett in dünne Scheiben schneiden. Die Salatblätter mit Hühnerbrust, Gurke, Frühlingszwiebeln und Koriandergrün füllen und mit roter Chili garnieren. Mit der süßen Soja-Chili-Dipsauce servieren.

Vorbereitung

Die Sauce kann am Vortag zubereitet werden. Die Hühnerbrüste können am Morgen vor dem Verzehr pochiert und im Kühlschrank aufbewahrt werden.

ZUTATEN

600 ml Hühnerfond

4 entbeinte Hühnerbrüste, ohne Haut

20–25 Blätter Mini-Romanasalat, gekühlt, zum Servieren

2 kleine Gurken, der Länge nach in dünne Streifen geschnitten

4 Frühlingszwiebeln, der Länge nach in sehr dünne Streifen geschnitten

1 kleine Hand voll Koriandergrün, grob gehackt

1 rote Chili, in dünne Streifen geschnitten, zum Garnieren

1 Portion süße Soja-Chili-Dipsauce *(Seite 218)*, zum Servieren

Vorbereitungszeit 10 Minuten

Garzeit 5 Minuten, zusätzlich 30 Minuten zum Ruhenlassen

Ergibt 20–25 kleine Portionen

SCHNELL KOMBINIERT

Gedämpfte Edamame *(Seite 173)* • Würziger Erdnuss-Dip *(Seite 71)* • Frische Austern *(Seite 148)*

KLEINES BUFFET

Knusprige Jakobsmuscheln *(Seite 24)* • Klößchen mit Garnelen und Schweinefleisch *(Seite 184)* • Kokosmakronen *(Seite 210)*

Kurz gebratenes Rinder-Carpaccio

mit Senf-Minzsauce und Rucola

Carpaccio ist auch zu Hause leicht gemacht und lässt sich gut im Voraus zubereiten. Ich empfehle Ihnen hier ein größeres Stück Fleisch, als Sie eigentlich brauchen, weil dadurch das Schneiden viel einfacher ist. Nehmen Sie den Rest einfach als köstlichen Belag für Sandwiches.

ZUTATEN

250g Rinderfilet, von Fett und Sehnen befreit

2 EL bestes Olivenöl, zusätzlich etwas zum Beträufeln

Jeweils ½ TL Salz und Pfeffer

1 EL kleine Kapern, abgespült

25g Parmesan, in feine Locken gehobelt

2 große Hand voll Rucola

Sauce

1 EL Dijonsenf

1 EL frische Minze, gehackt

2 EL bestes Olivenöl

1 EL Balsamico-Essig

Zubereitungszeit 20 Minuten, zusätzlich 1–2 Stunden im Gefrierfach

Ergibt 8 kleine Portionen

1. Eine beschichtete Bratpfanne heiß werden lassen. Das Fleisch mit 2 EL Olivenöl bepinseln und mit Salz und Pfeffer würzen. Kurz von allen Seiten braun anbraten. Aus der Pfanne nehmen und fest in Frischhaltefolie einwickeln, so dass eine möglichst runde Form entsteht. 1–2 Stunden ins Gefrierfach legen.
2. Währenddessen alle Zutaten für die Sauce in einer kleinen Schüssel mit dem Schneebesen gut verrühren.
3. Mit einem sehr scharfen Fleischmesser das halb gefrorene Fleisch in 8 Scheiben à 6mm oder dünner schneiden. Jeweils zwischen zwei Lagen Backpapier legen und mit dem Fleischklopfer oder dem Nudelholz vorsichtig flach klopfen, dabei nicht auseinander ziehen. Die Scheiben in eine flache Glasform legen und mit Olivenöl beträufeln. Mit Salz und grob gemahlenem schwarzem Pfeffer würzen. Bis zum Servieren in den Kühlschrank stellen.
4. Das Carpaccio vorsichtig auf einer Platte oder einzelnen Tellern anrichten und etwas Sauce neben die Scheiben setzen. Mit Kapern bestreuen und mit Parmesan und Rucola garnieren.

Vorbereitung

Sauce und Fleisch können am Morgen zubereitet und im Kühlschrank aufbewahrt werden.

SCHNELL KOMBINIERT

Salat aus Feigen, Prosciutto und Mozzarella *(Seite 92)* • Marinierte italienische Pilze *(Seite 172)* • Marinierte Anchovis *(Seite 30)*

KLEINES BUFFET

Frittierte Artischocken auf Römische Art *(Seite 12)* • Würzige Ziegenkäsebällchen *(Seite 59)* • Sellerie-Fenchel-Cremesuppe *(Seite 34)*

Tandoori-Hähnchenschenkel

mit Tomaten-Kokos-Sambal

Viele Tandoori-Restaurants verwenden Lebensmittelfarbe für dieses Gericht. Sie werden merken, dass Sie nicht zu solchen Kunstgriffen greifen müssen, wenn Sie meine Version nachkochen!

1 Die Schenkel jeweils an der breiten Stelle dreimal einschneiden. Alle anderen Zutaten bis auf das Tomaten-Kokos-Sambal in einer flachen Glasform vermischen. Die Schenkel darin mindestens 4 Stunden marinieren, am besten über Nacht.

2 Den Ofen auf höchste Stufe vorheizen. Die Hähnchenschenkel aus der Marinade nehmen und auf ein großes beschichtetes Backblech legen. 30 Minuten in den Ofen stellen, bis sie an den Enden knusprig sind. Sie können auch im Grill gegart werden. Mit dem Tomaten-Kokos-Sambal servieren.

Vorbereitung

Lassen Sie das Fleisch möglichst über Nacht in der Marinade liegen. Sie können es 20 Minuten im Backofen grillen, dann im Kühlschrank aufbewahren und kurz vor dem Servieren weitere 10 Minuten in den Ofen schieben. Das Sambal kann bis zu 4 Stunden im Voraus zubereitet werden.

ZUTATEN

8 große Hähnchenschenkel mit Knochen (nach Belieben ohne Haut)

100g Joghurt

3 Knoblauchzehen, zerdrückt

1 TL Garam Masala *(siehe Seite 224)*

Saft von ½ Zitrone

1 EL frischer Ingwer, gerieben

1 TL Koriandersamen, gemahlen

1 TL Chilipulver

1 EL Kreuzkümmel, gemahlen

1 Portion Tomaten-Kokos-Sambal *(Seite 92)*, zum Servieren

Vorbereitungszeit 10 Minuten, zusätzlich 4 Stunden zum Marinieren

Garzeit 30 Minuten

Ergibt 8 Schenkel

SCHNELL KOMBINIERT

Chutneys und Pickles *(Seite 70)* • Ungeschälte Pistazien *(Seite 31)*

KLEINES BUFFET

Ingwer-Tomaten-Suppe *(Seite 50)* • Erbsen-Garnelen-Samosas *(Seite 194)* • Kurz angebratene Zimt-Ente *(Seite 124)*

Salbei-Zitronen-Fleischbällchen
mit Parmesan

Mit Kalbfleisch zaubern Sie federleichte, saftige Fleischbällchen – Sie können aber auch Schweinehackfleisch verwenden.

1 Den Ofen auf 200 °C vorheizen. Das Brot in einer großen Rührschüssel in der Milch einweichen. Fleisch, Salbei, Fenchelsamen, Knoblauch, Zitronenschale, Tomaten, Parmesan, Ei, Salz und Pfeffer gut mit den Händen einarbeiten und 2,5 cm große Bällchen formen.

2 Öl in einer beschichteten Pfanne auf mittlere Temperatur erhitzen und die Bällchen nach und nach 5 Minuten von allen Seiten braun braten. Die Pfanne häufig schütteln, damit die Fleischbällchen nicht am Boden haften. Auf Küchenkrepp abtropfen lassen und im Ofen warm stellen, während die übrigen Bällchen gebraten werden. Auf den Radicchioblättern anrichten und mit Essig zum Dippen servieren.

Vorbereitung
Die Fleischbällchen können am Vortag zubereitet und kurz vor dem Verzehr 4 Minuten bei 200 °C im Ofen aufgewärmt werden. Sie können sie auch un- oder teilgekocht einfrieren, vor dem Verzehr auftauen und fertig garen.

ZUTATEN

2 Scheiben Weißbrot, Kruste entfernt

60 ml Milch

500 g Kalbs- oder Schweinehackfleisch

15 g frischer Salbei, fein gehackt

1 TL Fenchelsamen, zerstoßen

1 Knoblauchzehe, fein gehackt

Geriebene Schale von 1 unbehandelten Zitrone

2 eingelegte getrocknete Tomaten, fein gehackt

60 g Parmesan, gerieben

1 Ei, verquirlt

Jeweils ½ TL Salz und Pfeffer

2 EL Olivenöl

Radicchioblätter, 1 Stunde in Eiswasser eingelegt, damit die Bitterkeit verschwindet, zum Servieren

Balsamico-Essig, zum Dippen

Vorbereitungszeit 15 Minuten
Garzeit 35 Minuten
Ergibt 35 Fleischbällchen

SCHNELL KOMBINIERT

Radieschen mit Tapenade *(Seite 173)* • Chicoreesalat *(Seite 93)* • Gorgonzola-Crostini *(Seite 31)*

KLEINES BUFFET

Dicke Auberginenstangen *(Seite 23)* • Bagna cauda *(Seite 54)* • Salat aus dreierlei Tomaten *(Seite 86)*

Fünf-Gewürz-Rippchen mit Hoisin-Sauce und Frühlingszwiebeln

Das langsame Garen lässt das Schweinefleisch so wunderbar zart werden, dass es fast auf der Zunge schmilzt. Wenn Sie wollen, bitten Sie Ihren Metzger, die Spareribs für Sie vorzubereiten.

1 Den Ofen auf 140 °C vorheizen. Die Rippchen mit Fünf-Gewürz-Pulver einreiben und mit Salz und Pfeffer würzen. Auf 2 beschichtete Backbleche verteilen, mit Alufolie fest abdecken und 1 Stunde im Ofen garen.

2 Währenddessen für die Sauce das Öl in einem Wok oder einer kleinen, schweren Kasserolle erhitzen und Ingwer und Knoblauch 1 Minute darin anbraten. Die restlichen Zutaten einrühren. Die Rippchen aus dem Ofen nehmen und gut mit der Sauce mischen. Wieder abdecken und erneut 30 Minuten in den Ofen stellen, die Folie entfernen und weitere 30 Minuten garen. Auf Tellern anrichten und mit Frühlingszwiebeln garnieren.

Vorbereitung

Die Rippchen können am Morgen vorher zubereitet werden und müssen dann nur noch 5 Minuten bei 200 °C im vorgeheizten Ofen aufgewärmt werden.

ZUTATEN

1,5 kg Schweine-Spareribs, in einzelne Rippen geschnitten und halbiert

1 TL Fünf-Gewürz-Pulver

5 Frühlingszwiebeln, in feine Streifen geschnitten, zum Garnieren

Sauce

3 EL Erdnussöl

2 TL frischer Ingwer, gerieben

2 Knoblauchzehen, zerdrückt

60 ml Hoisin-Sauce *(siehe Seite 224)*

2 EL Sojasauce

2 EL süße Chili-Dipsauce aus der Flasche

60 ml Honig

75 g brauner Rohrzucker

75 ml trockener Sherry

Vorbereitungszeit 15 Minuten

Garzeit 2 Stunden

Ergibt etwa 30 Spareribs

SCHNELL KOMBINIERT

Brunnenkressesalat mit Frühlingszwiebeln *(Seite 93)* • Gerösteter Spargel mit Sojasauce *(Seite 172)* • Sushi *(Seite 31)*

KLEINES BUFFET

Thailändische Maispuffer *(Seite 26)* • Glasnudelsalat *(Seite 76)* • Avocado-Crostini *(Seite 164)*

Packen Sie ruhig das heiße Eisen an! Fisch und Meeresfrüchte sind leichter zuzubereiten, als Sie meinen. Kaufen Sie nur wirklich frischen Fisch, lassen Sie sich von einem Fischhändler die mühevolle Arbeit des Fischvorbereitens abnehmen und schon können Sie loslegen. Ob gedämpft, geröstet, gegrillt oder als Sushi – Fisch ist immer etwas besonders Köstliches.

Fisch

Junge Venusmuscheln

mit Sherry und gebräunten Zwiebeln

Oloroso ist ein trockener, nach Rosinen duftender Sherry mit leicht rauchigem Aroma. Er eignet sich ebenso zum Kochen wie gekühlt als Aperitif. Statt der Venusmuscheln können Sie in diesem Rezept auch gut Herzmuscheln verwenden.

1 Die Muscheln mit einer Hand voll Salz 30 Minuten in reichlich kaltem Wasser einweichen, um den Sand aus dem Inneren zu ziehen. Muscheln gründlich abspülen, in ein nasses Geschirrhandtuch schlagen, in eine Schüssel legen und bis zum Kochen im Kühlschrank aufbewahren. Muscheln mit offenen Schalen entfernen.

2 Das Öl in einer mittelgroßen Kasserolle erhitzen und die Zwiebeln mit Salz und Pfeffer 10–12 Minuten sautieren, bis sie braun sind. Knoblauch und Schinken dazugeben und weitere 3 Minuten dünsten. Sherry einrühren und 1–2 Minuten köcheln lassen.

3 Direkt vor dem Servieren die Muschen in die Kasserolle geben. Sie sollten sich nach 1–2 Minuten öffnen. Alle ungeöffneten Muscheln entfernen. Mit Petersilie bestreuen und mit Crostini servieren.

Vorbereitung

Die Sauce kann am Morgen vor dem Verzehr zubereitet, die gesäuberten Muscheln direkt vor dem Servieren zur Sauce gegeben und gegart werden.

ZUTATEN

1 kg junge Venusmuscheln, Bärte und Fäden entfernt

3 EL Olivenöl

2 gelbe Zwiebeln, in feine Ringe geschnitten

Jeweils ½ TL Salz und Pfeffer

2 Knoblauchzehen, fein gehackt

6 Scheiben Serrano-Schinken oder Prosciutto, gehackt

125 ml Oloroso- oder Manzanilla-Sherry

1 kleine Hand voll glatte Petersilie, fein gehackt

8 Scheiben Sauerteigbrot, getoastet und mit Olivenöl und Knoblauch eingerieben, zum Servieren

Vorbereitungszeit 10 Minuten, zusätzlich 30 Minuten zum Einweichen

Garzeit 20 Minuten

Ergibt 8 kleine Schüsseln

SCHNELL KOMBINIERT

Salat aus Radicchio, Orangen und Rucola *(Seite 92)* • Gerösteter Knoblauch mit warmem Brot *(Seite 71)* • Gebratene Chorizo *(Seite 149)*

KLEINES BUFFET

Salat aus gebratenem Halloumi *(Seite 82)* • Frittierte Artischocken auf Römische Art *(Seite 12)* • Schokoladenpudding mit Frangelico *(Seite 200)*

Kurz gebratener Thunfisch mit Sesam und süßem Soja-Chili-Dressing

Thunfisch kurz anzubraten ist sehr einfach. Nehmen Sie wirklich guten Fisch – rubinrot mit etwas weißer Marmorierung – und achten Sie darauf, ihn nicht zu lange zu braten.

1 Den Thunfisch der Länge nach in 2–3 5 cm breite Stücke schneiden, die kleinen Rinderfilets ähneln. Eine große beschichtete Pfanne auf mittlere Temperatur erwärmen. Währenddessen die Filets mit Olivenöl einreiben und in Salz, Pfeffer und Sesam wenden. In die ungefettete Pfanne legen und kurz anbraten, bis die Filets auf allen Seiten braun sind. Nicht zu lange braten, damit das Innere noch roh ist.

2 Den Fisch leicht abkühlen lassen, dann sehr fest in Frischhaltefolie einwickeln. Je fester die Folie sitzt, desto besser lässt sich der Fisch später schneiden. Mindestens 1 Stunde, am besten aber über Nacht, in den Kühlschrank stellen.

3 Den Fisch auspacken und in etwa 5 mm dicke Scheiben schneiden. Auf einem Bett von Frühlingszwiebeln, Apfel und Gurke auf einzelnen Tellern anrichten. Mit dem süßen Soja-Chili-Dressing servieren.

Vorbereitung
Der Fisch sollte am besten am Vortag gebraten und eingewickelt werden, damit er gut zu schneiden ist. Das Dressing kann am Morgen zubereitet werden. Bereiten Sie die Früchte und das Gemüse ebenfalls am Morgen vor und legen Sie Zwiebeln und Apfel in Eiswasser, damit sie sich nicht verfärben. Vor Gebrauch abtropfen lassen.

ZUTATEN

750 g frischer Thunfisch, vorzugsweise vom Schwanzstück

1 EL Olivenöl

Jeweils ½ TL Salz und Pfeffer

Jeweils 1 TL schwarzer und weißer Sesam

4 Frühlingszwiebeln, in Stifte geschnitten

1 Granny Smith oder anderer Apfel, in Stifte geschnitten

1 Gurke, in Stifte geschnitten

1 Portion süßes Soja-Chili-Dressing *(Seite 218)*, zum Servieren

Zubereitungszeit 15 Minuten, zusätzlich 1–12 Stunden im Kühlschrank

Garzeit 5 Minuten

Ergibt 8 kleine Vorspeisen

SCHNELL KOMBINIERT

Brunnenkressesalat mit Frühlingszwiebeln *(Seite 93)* • Frischkäse-Dip mit Krebsfleisch *(Seite 71)* • Mangofool *(Seite 215)*

KLEINES BUFFET

Peking-Rollen mit Entenbrust *(Seite 180)* • Glasierte Chicken Wings *(Seite 126)* • Avocado-Crostini *(Seite 164)*

Heilbutt-Happen
mit Miso-Glasur

Statt des Heilbutts können Sie auch Jakobsmuscheln, Seeteufel oder feste Dorschfilets verwenden. Die salzige helle Misopaste konserviert den Fisch während des Marinierens.

1 Für die Glasur Mirin, Misopaste, Sake und Zucker in einer kleinen Schüssel vermischen. Den Fisch darin gründlich wenden. Abdecken und mindestens 24 Stunden im Kühlschrank marinieren.

2 Den Grill auf mittlere Temperatur erwärmen. Den Fisch auf einen Grillrost über einem Backblech legen und etwa 4–5 Minuten grillen, bis er an den Kanten golden und knusprig ist. Mit den Frühlingszwiebeln bestreuen und mit Stäbchen oder Zahnstochern servieren.

Vorbereitung

Der Fisch kann 24–48 Stunden vor dem Servieren eingelegt werden. Er sollte direkt vor dem Servieren gegrillt und sofort gegessen werden.

ZUTATEN

500g Heilbutt, Mittelknochen entfernt, in 4cm große Stücke geschnitten

3 Frühlingszwiebelnder Länge nach in Streifen geschnitten

Glasur

75ml Mirin

200g helle Misopaste

3 EL Sake

125g Zucker

Vorbereitungszeit 15 Minuten, zusätzlich 24 Stunden zum Marinieren

Garzeit 5 Minuten

Ergibt etwa 30 Happen

SCHNELL KOMBINIERT

Garnelen-Gurken-Spieße *(Seite 149)* • Frischkäse-Dip mit Krebsfleisch *(Seite 71)* • Brunnenkressesalat mit Frühlingszwiebeln *(Seite 93)*

KLEINES BUFFET

Gerösteter Butternusskürbis *(Seite 163)* • Knusprige Jakobsmuscheln *(Seite 24)* • Kurz gebratener Thunfisch mit Sesam *(Seite 138)*

Gegrillte Garnelen-Schmetterlinge

mit Butter, Limetten und Jalapeños

Durch das Garen mit Schale bleibt das Fleisch der Garnelen schön saftig. Größere Garnelen sehen nicht nur eindrucksvoller aus, sondern lassen sich auch leichter zu Schmetterlingen aufklappen.

1 Mit einem sehr scharfen Messer die Garnelen durch die Schale hindurch am Rücken aufschneiden und zu Schmetterlingen aufklappen. Mit kaltem Wasser abspülen, um den Darmstrang zu entfernen. Auf Küchenpapier abtropfen lassen.

2 Den Grill auf mittlere Temperatur erwärmen. Die Garnelen mit Butter und Öl in eine flache ofenfeste Form legen. Mit Knoblauch, Chipotle, Jalapeño, Salz und Pfeffer bestreuen. 1–2 Minuten grillen, bis die Garnelen gerade rosa werden. Mit Limettensaft, -schale und Koriandergrün bestreuen und sofort mit den Limettenhälften servieren.

Vorbereitung

Die Butter kann bis zu 2 Tage im Voraus mit den Chilis verrührt, im Kühlschrank aufbewahrt und vor dem Verwenden zerlassen werden. Die Garnelen können am Vorabend zu Schmetterlingen aufgeklappt und kühl gestellt werden.

ZUTATEN

500g große Garnelen mit Schale

30g Butter, zerlassen

2 EL bestes Olivenöl

2 Knoblauchzehen, zerdrückt

1 in Adobo eingelegte Chipotle-Chili *(oder 1 Jalapeño oder andere grüne Chili)*, von den Samen befreit und gehackt

1 Jalapeño oder andere grüne Chili, von den Samen befreit und sehr fein gehackt

Jeweils ½ TL Salz und Pfeffer

Saft von 1 großen Limette

1 TL Schale von einer unbehandelten Limette

3 EL Koriandergrün, gehackt

2 Limetten, halbiert, zum Servieren

Vorbereitungszeit 25 Minuten

Garzeit 2 Minuten

Ergibt 20–24 Garnelen

SCHNELL KOMBINIERT

Salat aus Palmherzen und Avocados *(Seite 92)* • Geröstete Süßkartoffeln mit Kreuzkümmel *(Seite 172)* • Junger Salat mit Walnussöl und Sherry-Essig *(Seite 92)*

KLEINES BUFFET

Nachos mit Krebsfleisch und Gruyère *(Seite 142)* • Steak-Tacos *(Seite 178)* • Chili-Gazpacho *(Seite 36)*

Nachos mit Krebsfleisch und Gruyère und Tomatensalsa

Nachos bleiben auf einer Party nie lange stehen, denn der geschmolzene Käse übt eine unwiderstehliche Anziehungskraft aus. Statt der Chipotle können Sie auch eine andere rote oder Jalapeño-Chili verwenden.

1 Für die Salsa Knoblauch und Chilis in einer beschichteten Pfanne ohne Fettzugabe unter Rühren von allen Seiten schwarz anbraten. Vom Herd nehmen und den Knoblauch zur Seite stellen. Die Chilis in einen Gefrierbeutel geben, verschließen und 5 Minuten ruhen lassen. Dann die Haut abziehen und die Samen herausschaben. Den abgekühlten Knoblauch schälen.

2 Währenddessen den Grill auf hohe Temperatur erwärmen. Tomaten und Zwiebel auf einem großen beschichteten Blech verteilen und 6–7 Minuten grillen, bis sie schwarz sind. Mit Knoblauch, Chilis, Chipotle (nach Belieben), Koriandergrün und Salz in der Küchenmaschine grob pürieren. In eine Schüssel füllen und mit Limettensaft und Salz abschmecken.

3 Den Ofen auf 200 °C vorheizen. Die Nachos auf dem Backblech verteilen. Mit Krebsfleisch, eingelegter Jalapeño, Zwiebel und Käse belegen und 6 Minuten backen, bis der Käse geschmolzen ist. Sofort mit der Salsa servieren.

Vorbereitung

Gemüse und Käse können am Morgen vor dem Verzehr gehackt und gerieben werden. Die Nachos können 1 Stunde vor dem Backen auf dem Blech belegt werden.

SCHNELL KOMBINIERT	KLEINES BUFFET
Wassermelonen-Salat mit Feta *(Seite 93)* • Piquillo-Schoten mit Sherry-Essig *(Seite 172)* • Tapas *(Seite 30)*	Steak-Tacos *(Seite 178)* • Junge Venusmuscheln *(Seite 136)* • Chili-Gazpacho *(Seite 36)* • Mini-Schokoladenkuchen *(Seite 202)*

ZUTATEN

1 Tüte Maisnachos à 200g

250g frisches weißes Krebsfleisch, gekocht

1 eingelegte Jalapeño, in sehr dünne Ringe geschnitten

1 kleine rote Zwiebel, fein gewürfelt

250g Gruyère oder reifer Cheddar, fein gerieben

Salsa

4 Knoblauchzehen, ungeschält

2 Jalapeños oder andere kleine grüne Chilis

500g reife Strauchtomaten

1 rote Zwiebel, in dicke Ringe geschnitten

1 in Adobo eingelegte Chipotle, von den Samen befreit *(nach Belieben)*

1 kleine Hand voll Koriandergrün

½ TL Salz

Saft von 1 Limette

Vorbereitungszeit 20 Minuten

Garzeit 16 Minuten

Ergibt 8 Portionen

Carpaccio von geräucherter Forelle
mit rosa Pfeffer und Dill

Dieses Carpaccio können Sie mit jedem dünn geschnittenen geräucherten Fisch zubereiten. Probieren Sie es einmal mit geräuchertem Lachs, Thun- oder Schwertfisch, aber überlassen Sie Ihrem Fischhändler das Schneiden.

1 Die Fischscheiben auf einzelne Teller verteilen und mit Olivenöl beträufeln. Fenchel, Zwiebel, Pfefferkörner, Kapern und Dill darüberstreuen.

2 Direkt vor dem Servieren je einen Klacks Crème fraîche darübergeben. Ein wenig Rucola und ein Limetten- oder Zitronenviertel auf jeden Teller legen.

Vorbereitung
Das Gericht kann am Morgen vor dem Verzehr zubereitet und mit Folie abgedeckt im Kühlschrank aufbewahrt werden.

ZUTATEN

250 g geräucherte Forelle, in Scheiben geschnitten

2 EL bestes Olivenöl

½ Knolle Fenchel, Strunk entfernt, in feine Scheiben geschnitten

1 kleine rote Zwiebel, fein gewürfelt

2 EL rosa Pfefferkörner, zerstoßen

1 EL kleine Kapern

1 kleines Bund frischer Dill, nur die Blätter, fein gehackt

100 g Crème fraîche

1 kleine Hand voll Rucola

Limetten oder Zitronen, geviertelt, zum Servieren

Vorbereitungszeit 15 Minuten

Ergibt 8 kleine Teller

SCHNELL KOMBINIERT

Chicoreesalat *(Seite 93)* • Gorgonzola-Crostini *(Seite 31)* • Biscotti, Mascarpone und Dessertwein *(Seite 215)*

KLEINES BUFFET

Pilz-Maronen-Suppe *(Seite 38)* • Lammchops mit Rosmarin *(Seite 118)* • Junge Rote Beete mit Bresaola *(Seite 168)*

Geröstete Garnelen und Tomaten

mit Gremolata

Wenn Sie die Garnelen zu Schmetterlingen aufklappen, sehen sie eleganter aus und krümmen sich nicht so leicht.

1 Den Ofen auf 180 °C vorheizen. Die Tomaten mit der Schnittfläche nach oben auf einem Backblech verteilen und mit Knoblauch, Chilis, Olivenöl, Salz und Pfeffer bestreuen. 20 Minuten backen.

2 Tomaten aus dem Ofen nehmen und mit Garnelen, Fenchelsamen und Zitronensaft in eine ofenfeste Form geben. Den Grill auf mittlere Temperatur erwärmen und alles 4–5 Minuten grillen, bis die Garnelen weiß werden. Auf Teller verteilen, mit Petersilie und Zitronenschale bestreuen und warm oder mit Zimmertemperatur servieren.

Vorbereitung

Die Tomaten können am Morgen vor dem Verzehr gegrillt und die übrigen Zutaten gehackt werden. Wenn Sie das Gericht mit Zimmertemperatur servieren wollen, können Sie es bereits 2 Stunden vorher zubereiten.

ZUTATEN

250 g sehr kleine Rispentomaten, halbiert

2 Knoblauchzehen, fein gehackt

½ TL getrocknete rote Chilis, zerstoßen

4 EL bestes Olivenöl

Jeweils ½ TL Salz und Pfeffer

500 g Garnelen, geschält, Darmstrang entfernt und zu Schmetterlingen aufgeklappt *(siehe Seite 141)*

½ TL Fenchelsamen, zerstoßen

Saft und geriebene Schale von 1 unbehandelten Zitrone

3 EL glatte Petersilie, fein gehackt

Vorbereitungszeit 10 Minuten

Garzeit 5 Minuten

Ergibt 8 Portionen

SCHNELL KOMBINIERT

Pesto und Aioli mit Grissini *(Seite 70)* • Marinierte Anchovis *(Seite 30)* • Pimientos de Padrón *(Seite 30)*

KLEINES BUFFET

Dinkelsalat *(Seite 78)* • Artischocken im Blätterteig *(Seite 196)* • Erdbeeren und Feigen *(Seite 207)*

Heilbutt-Päckchen

mit Koriander- und Kokos-Chutney

Verwenden Sie eine sehr frische Kokosnuss, möglichst aus Bio-Anbau. Sie können sie auch durch getrocknete Kokosraspel guter Qualität ersetzen. Statt des Heilbutts stellen auch Lachs oder Seebarsch eine gute Variante dar.

1 Den Ofen auf 200°C vorheizen. Für das Chutney eine kleine beschichtete Pfanne erhitzen und den Kreuzkümmel ohne Fettzugabe unter Rühren rösten. Abkühlen lassen und in der Gewürzmühle oder dem Mörser zerreiben. Etwas Koriandergrün als Garnierung zur Seite legen, den Rest mit Knoblauch, Ingwer, Chili und Zitronensaft im Mixer zu einer Paste verarbeiten. Mit Kokosraspeln, geröstetem Kreuzkümmel und Zucker in einer kleinen Schüssel verrühren.

2 Aus Alufolie 8 große Quadrate schneiden und jeweils 1 TL Butter daraufsetzen. 2 EL Chutney, ein Stück Fisch und 2 weitere EL Chutney auf die Butter geben, mit Salz und Pfeffer würzen. Die Folie zu Päckchen falten. Auf ein Backblech legen und 10 Minuten backen, bis der Fisch gar ist und mit dem Messer leicht zerteilt werden kann. Päckchen öffnen, mit Koriandergrün und Zitronenschnitzen garniert servieren.

Vorbereitung

Päckchen und Chutney können am Morgen vor dem Verzehr zubereitet und im Kühlschrank aufbewahrt werden.

ZUTATEN

750g Heilbutt, gehäutet, entgrätet und in 8 Stücke geschnitten

60g Butter

Salz und Pfeffer

1 Zitrone, in Schnitze geteilt

Chutney

1 TL Kreuzkümmel

1 großes Bund Koriandergrün

2 Knoblauchzehen

2,5cm Ingwer, geschält und in Scheiben geschnitten

1 grüne Chili, von den Samen befreit und gehackt

Saft von 2 Zitronen

250g frische oder getrocknete ungesüßte Kokosraspel

2 TL Zucker

Vorbereitungszeit 15 Minuten

Garzeit 10 Minuten

Ergibt 8 Päckchen

SCHNELL KOMBINIERT

Chutneys und Pickles (*Seite 70*) • Raita mit Naan-Brot (*Seite 71*) • Gewürzgarnelen (*Seite 148*)

KLEINES BUFFET

Ingwer-Tomaten-Suppe (*Seite 50*) • Knusprige Gemüse-Pakoras (*Seite 20*) • Erdbeeren und Feigen (*Seite 207*)

Schneller Fisch, schnelles Fleisch – Einfacher geht's nicht

Fisch- und Fleischgerichte werden oft als kompliziert und umständlich angesehen, aber mit ein paar Tricks können Sie sich viel Zeit ersparen. Frischer Fisch braucht nur wenig Drumherum und schmeckt bereits mit etwas Zitronensaft oder ein paar Gewürzen köstlich. Und Chorizo und Merguez-Würstchen lassen sich wirklich leicht in der Pfanne zubereiten.

Crostini mit frischem Krebsfleisch

16 kleine Scheiben französisches oder Sauerteigbrot toasten und mit Olivenöl beträufeln. 200g frisches, gekochtes weißes Krebsfleisch mit dem Saft von ½ Zitrone, einer Messerspitze zerstoßener Chili, 2 EL bestem Olivenöl und ein paar Gewürzen vermischen. Die Crostini mit reichlich Krebsfleisch belegen.

Gewürzgarnelen

16 große Garnelen zu Schmetterlingen aufklappen, dazu mit einem scharfen Messer am Rücken entlang aufschlitzen. Unter fließendem kalten Wasser abspülen. Gemahlenen Fenchelsamen, Kreuzkümmel, Koriandersamen oder Sumak *(siehe Seite 224)* in eine Schüssel geben und die Garnelen darin wenden. Mit Salz und Pfeffer würzen. 1 EL Olivenöl in einer beschichteten Pfanne erhitzen und die Garnelen etwa 3 Minuten braten, bis sie ihre Farbe verändern. Auf einer Platte servieren.

Blinis mit Räucherlachs

Fertige Blinis im Ofen bei mittlerer Temperatur knusprig backen. Mit kleinen Streifen Räucherlachs, einigen Kapern, einem Löffel Crème fraîche, fein gewürfelter roter Zwiebel und etwas frischem, gehacktem Dill bestreuen. Auf einer Platte servieren.

Frische Austern

Bitten Sie Ihren Fischhändler, die Austern für Sie zu öffnen, oder öffnen Sie sie selbst mit den dafür vorgesehenen Messern und Handschuhen. Austern in ihren Schalen auf eine Platte im Eiswürfelbett legen und mit Tabasco und Zitronenschnitzen servieren. Sie können auch in einer kleinen Schale 5 EL Reiswein-Essig und 1 kleine gewürfelte Chili vermischen und die Gäste jeweils etwa ½ TL davon über die Austern träufeln lassen.

Thunfischtartar auf Gurkenscheiben

125g dünn geschnittenen rohen Thunfisch in einer Schüssel mit 1 TL Limettensaft, ½ TL Wasabi-Paste *(siehe Seite 224)* und 1 TL Sojasuce vermengen. 1 mittelgroße Gurke in dünne Scheiben schneiden. Auf jede Gurkenscheibe 1 gehäuften TL der Thunfischmischung geben.

Gravadlachs und Senf-Dill-Sauce

Kaufen Sie im Supermarkt oder Delikatessengeschäft guten Gravadlachs. In einer Schale 4 EL Dijonsenf, 1 TL Zucker, 1 EL gehackten Dill und 1 EL Weißweinessig vermischen. Den Lachs mit der Sauce und getoastetem dunklen oder Vollkornbrot servieren.

Garnelen-Gurken-Spießchen

1 mittelgroße Gurke in 2 cm große Würfel schneiden. Jeweils 1 große gekochte Garnele und 1 Gurkenwürfel auf Spieße, Zahnstocher oder dünne Gabeln schieben. Mit einer Schale Hoisin-Sauce oder Kecap Manis (Indonesische süße Sojasauce *siehe Seite 224)* zum Dippen servieren.

Gebratene Chorizo

Chorizo *(siehe Seite 224)* in 1,5 cm große Würfel schneiden. Etwas Olivenöl in einer Pfanne stark erhitzen und die Chorizo etwa 2 Minuten knusprig braten. Mit dem Schaumlöffel herausnehmen und auf Küchenpapier entfetten lassen, dann servieren.

Fünf-Gewürz-Hühnerbrust

3 entbeinte Hühnchenbrüste ohne Haut in 2,5 cm große Stücke schneiden. Etwas Fünf-Gewürz-Pulver in eine Schüssel geben und die Fleischstückchen darin wälzen, dann salzen. 1 EL Öl in einer beschichteten Pfanne erhitzen und die Stückchen etwa 5 Minuten von allen Seiten bräunen. Mit Limettenschnitzen, Chili-Dipsauce und Zahnstochern zum Aufnehmen servieren.

Kleine Garnelen mit Rucola

2 große Hand voll Rucola auf einer Platte verteilen und mit 1 EL bestem Olivenöl beträufeln. 250 g kleine, gekochte Garnelen daraufgeben. Mit Zitronenschnitzen servieren.

Garnelen-Gurken-Spießchen

Gebratene Merguez-Lammwürstchen

1 EL Olivenöl in einer Pfanne stark erhitzen. Würstchen unter gelegentlichem Wenden goldbraun braten. Nach Belieben in kleinere Stücke schneiden. Zum Aufnehmen Zahnstocher dazu reichen.

Thailändische Garnelen

Etwa 250 g große, gekochte, geschälte Garnelen mit 4 EL süßer Chili-Dipsauce und 1 kleinen Hand voll gehacktem, frischem Koriandergrün in einer Schüssel gut vermischen. Auf kleine Spieße oder Zahnstocher schieben und servieren.

Bei frischem Gemüse haben Sie die Qual der Wahl: Von der karmesinfarbenen Roten Bete im Herbst bis zum smaragdgrünen Spargel im Frühling bietet jede Jahreszeit ihre eigene, reiche Auswahl. Es gibt unendlich viele Möglichkeiten der Zubereitung und meist ist die schlichteste die beste. Oft braucht es nur eine Spur Knoblauch, ein paar Gewürze, etwas Zitronensaft oder cremigen Ziegenkäse, um wahre Gaumenfreuden zu schaffen.

Gemüse

Grüner Spargel in Serrano-Schinken mit Safran-Zitronen-Aioli

Ob pur oder mit einer Dipsauce: Diese köstlichen und dabei einfachen Spargelröllchen passen wunderbar zu maurischen und mediterranen Menüs.

ZUTATEN

2 Bund grüner Spargel, Enden abgeschnitten

12 Scheiben Serrano-Schinken, Bresaola oder Prosciutto, halbiert

1 Portion Safran-Zitronen-Aioli *(Seite 217)*, zum Servieren

Vorbereitungszeit 20 Minuten

Garzeit 2 Minuten

Ergibt 24 Spargelröllchen

1 In einer Kasserolle gesalzenes Wasser aufkochen und den Spargel darin 1–2 Minuten köcheln lassen. Mit der Zange herausnehmen und sofort in Eiswasser legen, damit die Stangen bissfest und grün bleiben. Auf einem Geschirrtuch abtropfen lassen.

2 Jeweils 2 Spargelstangen in 1 Scheibe Schinken wickeln. Bis zum Servieren in den Kühlschrank stellen. Dazu Safran-Aioli reichen.

Vorbereitung

Der Spargel kann am Morgen vor dem Verzehr blanchiert, in den Schinken gewickelt und dann, in jeweils eine Lage Backpapier und Frischhaltefolie eingeschlagen, im Kühlschrank aufbewahrt werden. Die Aioli kann am Vortag zubereitet und abgedeckt im Kühlschrank aufbewahrt werden.

SCHNELL KOMBINIERT

Junger Salat mit Sherry-Essig und Walnussöl *(Seite 92)* • Geröstete Süßkartoffeln mit Kreuzkümmel *(Seite 172)* • Hummus mit geräuchertem Paprika *(Seite 70)*

KLEINES BUFFET

Schwertfisch-Zitrus-Brochettes *(Seite 96)* • Kichererbsen-Chili-Dip *(Seite 68)* • Chili-Gazpacho *(Seite 36)*

Wildpilz-Crostini
mit Mascarpone und Sherry-Essig

Crostini sollten am Rand braun und innen schön weich sein.

1 Den Ofen auf 200 °C vorheizen. Das Brot auf ein beschichtetes Blech legen, mit Öl bestreichen und salzen. 6 Minuten backen. Mit der nicht gehackten Knoblauchzehe einreiben, dann abkühlen lassen. Den Rest der Knoblauchzehe hacken.

2 Für den Aufstrich Öl in einer Pfanne erhitzen und den Knoblauch darin 1 Minute andünsten. Pilze und Salz dazugeben und leicht vermischen. 4 Minuten dünsten. Essig und Petersilie einrühren, von der Kochstelle nehmen. Jeweils 1 EL Mascarpone und Pilzmischung auf die Brotscheiben streichen, mit Orangenschale bestreuen.

Vorbereitung

Die gerösteten Brotscheiben können bis zu 2 Tage im luftdichten Behälter aufbewahrt werden. Dünsten Sie die Pilze 2 Stunden vor dem Verzehr und stellen Sie sie in den Kühlschrank. Eine halbe Stunde vor dem Servieren aufwärmen oder auf Zimmertemperatur bringen und die Crostini zubereiten.

ZUTATEN

16 Scheiben Sauerteigbrot, Ciabatta oder ein anderes Stangenbrot

3 EL bestes Olivenöl

Aufstrich

3 EL bestes Olivenöl

2 Knoblauchzehen, davon 1 gehackt

500 g gemischte Wildpilze, z. B. Pfifferlinge und Herbsttrompeten, geviertelt oder in dicke Scheiben geschnitten

½ TL Salz

1 EL Sherry-Essig

1 kleine Hand voll glatte Petersilie, fein gehackt

250 g Mascarpone

Schale von 1 unbehandelten Orange, fein gerieben

Zubereitungszeit 25 Minuten

Garzeit 11 Minuten

Ergibt 16 Stück

SCHNELL KOMBINIERT

Salat aus Palmherzen und Avocados *(Seite 92)* • Geröstete Paprika mit Knoblauch *(Seite 172)* • Antipasti *(Seite 30)*

KLEINES BUFFET

Spinatsalat mit Pfefferbirnen *(Seite 84)* • Sizilianische Artischockenböden (Seite 154) • Himbeermeringuen *(Seite 208)*

Sizilianische Artischockenböden

mit Provolone und Kapern

Artischockenböden sind leichter zuzubereiten als die Herzen. Sie können für den Belag jede Brotart verwenden, ich nehme aber gerne Sauerteigbrot dafür.

1 Den Ofen auf 200 °C vorheizen. Die Blätter der Artischocken bis zum hellgrünen, weichen Inneren abziehen. Stiel entfernen. Mit einem scharfen Messer die oberen drei Viertel der Artischocken abschneiden. Die harten Kanten der Böden mit einem Schälmesser entfernen und mit einem Löffel die restlichen Samen aus dem Inneren schaben. In eine Schüssel mit Wasser und ⅓ des Zitronensafts legen, damit sie sich nicht verfärben.

2 In einer sehr großen Pfanne 2 gehackte Knoblauchzehen und 3 EL Öl sautieren, bis der Knoblauch leicht golden ist. Artischocken abtropfen lassen und in der Pfanne 1 Minute anbraten. Minze, je ½ TL Salz und Pfeffer, 4 EL Wasser und restlichen Zitronensaft zugeben. Auf mittlere Temperatur herunterschalten. Mit Deckel 10 Minuten garen, bis die Artischocken mit einem Messer einzuschneiden, aber nicht zu weich sind. Aus der Flüssigkeit nehmen und auf ein beschichtetes Backblech legen.

3 In einer kleinen Schüssel Semmelbrösel, Zitronenschale, Petersilie, Kapern, restlichen Knoblauch, Olivenöl, Salz und Pfeffer vermischen. Jeweils 1 Scheibe Käse auf die Artischockenböden legen und die Semmelbröselmischung darauf verteilen. 15 Minuten im Ofen backen, bis der Käse geschmolzen ist und die Semmelbrösel geröstet sind. Mit Zitronenschale und Rucola garnieren und warm servieren.

Vorbereitung

Die Artischocken können am Vortag gesäubert, blanchiert und abgedeckt im Kühlschrank aufbewahrt werden. Wird der Belag ebenfalls am Vortag zubereitet, sollte er im Kühlschrank aufbewahrt werden.

ZUTATEN

6–8 Artischocken

Saft von 3 Zitronen

4 Knoblauchzehen, gehackt

6 EL Olivenöl

3 EL frische Minze, gehackt

Jeweils 1 TL Salz und Pfeffer

90 g Semmelbrösel, am besten aus Sauerteigbrot

1 TL geriebene Schale einer unbehandelten Zitrone

3 TL glatte Petersilie, fein gehackt

1 EL kleine Kapern, abgespült

50 g Provolone in 6–8 Scheiben

Schale einer unbehandelten Zitronen, in Streifen geschnitten, zum Garnieren

Rucola, zum Garnieren

Vorbereitungszeit 45 Minuten

Garzeit 25 Minuten

Ergibt 6-8 kleine Portionen

SCHNELL KOMBINIERT

Salat aus Radicchio, Orangen und Rucola *(Seite 92)* • Melone im Prosciutto-Mantel *(Seite 31)* • Marinierte Anchovis *(Seite 30)*

KLEINES BUFFET

Rote-Bete-Suppe mit Orangen *(Seite 40)* • Salat aus dreierlei Tomaten *(Seite 86)* • Kurz gebratenes Rinder-Carpaccio *(Seite 128)*

Farben

- Purpurrot
- Silber und Gold
- Warmes Mandaringelb
- Sattes Violett
- Karmesinrot

Für den Tisch

- Metallschüsseln verschiedener Stile
- Tischtücher aus Seide
- Kleine Holzgewürzschalen
- Altes Metallbesteck
- Verstreute Rosenblütenblätter

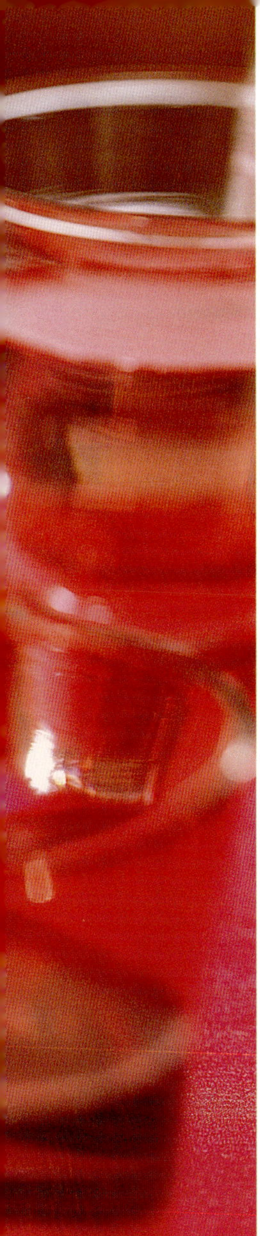

Bollywood Nächte

Die indische Küche tritt wahrhaft glamourös auf: betörend duftend nach Gewürzen, cremig durch die sanfte Kokosnuss und heiter mit ihrem Geschmack nach süßer Mango. Die vielen frittierten Snacks, zu denen erfrischende Joghurtdips gereicht werden, machen das indische Essen zur reinen Gaumenfreude.

Knoblauch, frisches Koriandergrün und Ingwer bilden häufig die Basis der Gerichte und ergänzen sich wunderbar. Kardamom, Kreuzkümmel und Koriandersamen sind Ihnen vielleicht bereits ein Begriff, aber es gibt noch viel spannendere Gewürze! Erst wenn Sie den faszinierenden Geschmack von Amchoor erlebt haben, wissen Sie, was »exotisch« wirklich bedeutet. Amchoor besteht aus zu Pulver geriebenen getrockneten Mangos und sorgt für eine leicht saure Note in Samosas oder anderen Gerichten. Langeweile ist für die indische Küche ein Fremdwort – es gibt so viel zu entdecken!

Lassen Sich sich bei der Tischdekoration von den farbenprächtigen Saris inspirieren. Schwelgen Sie in starken Farben – Beige gehört eindeutig nicht hierher. Schüsseln und Platten aus Metall und Gewürzschalen aus Holz sorgen für Authentizität. Zünden Sie Kerzen an – und genießen Sie Lebensfreude auf indische Art.

Aromen

- Würzige Chili
- Frisches Koriandergrün
- Süßer Knoblauch
- Saures Amchoorpulver
- Duftendes Kurkuma

Knabbereien

- Raita mit Naan-Brot *(Seite 71)*
- Chutneys und Pickles *(Seite 70)*
- Knusprige Gemüse-Pakoras *(Seite 20)*
- Kandierte Fenchelsamen *(Seite 215)*
- Tomaten-Kokos-Sambal *(Seite 92)*

Buffet

Kurz angebratene Zimt-Ente mit Mango-Chutney und Pappadums

Kokos-Garnelen mit Mango-Minz-Dip

Ingwer-Tomaten-Suppe mit Gewürzöl

Knusprige Gemüse-Pakoras mit Tamarinden-Ingwer-Dipsauce

Tandoori-Hähnchenschenkel mit Tomaten-Kokos-Sambal

Himbeermeringuen mit weißen Schokoladelocken

SCHNELL KOMBINIERT

Raita mit Naan-Brot *(Seite 71)*

Chutneys und Pickles mit Minipappadums *(Seite 70)*

Exotischer Obstsalat *(Seite 215)*

Kurz angebratene Zimt-Ente (*Seite 124*)

Kokos-Garnelen (*Seite 14*)

Ingwer-Tomaten-Suppe (*Seite 50*)

Knusprige Gemüse-Pakoras (*Seite 20*)

Tandoori-Hähnchen-schenkel (*Seite 130*)

Himbeermeringuen (*Seite 208*)

Am Vortag
- Entenbrüste marinieren
- Mango-Chutney zubereiten
- Ingwer-Tomaten-Suppe kochen
- Tandoori-Hähnchen einlegen
- Himbeermeringuen backen

Am Morgen
- Entenbrüste kurz braten
- Mango-Minz-Dip anrühren
- Tamarinden-Ingwer-Dip zubereiten
- Für die Meringuen Sahne schlagen und Nüsse hacken
- Geeisten Chai-Tee aufgießen
- Raita zubereiten

Vier Stunden vorher
- Knusprige Gemüse-Pakoras frittieren
- Tandoori-Hähnchen rösten
- Tomaten-Kokos-Sambal mischen
- Exotischen Obstsalat zubereiten

Geeister Chai-Tee mit Rosenblüten

Aus dem Gewürztee wird durch etwas Vanillewodka oder Brandy pro Glas schnell ein alkoholischer Cocktail.

ZUTATEN

2 l kochendes Wasser

2 EL Zucker

1 TL Rosenwasser

8 Beutel Chai-Tee

Eis

4 Zimtstangen *(nach Belieben)*

Frische Rosenblütenblätter, zum Garnieren

Ergibt 8 Cocktails

Das kochende Wasser in einen großen Krug mit dem Zucker, Rosenwasser und Teebeuteln gießen. 5 Minuten ziehen lassen, dann Beutel entfernen. Mit etwas Eis zum Abkühlen bringen. In jedes Glas Eis füllen, Tee aufgießen und nach Belieben eine Zimtstange dazugeben. Blütenblätter über die Gläser und den Krug streuen.

Eine Stunde vorher

- Garnelen in Kokosraspeln wälzen
- Suppe aufwärmen und Gewürzöl zubereiten

Eine halbe Stunde vorher

- Entenbrüste grillen und mit Chutney und Pappadums anrichten
- Kokos-Garnelen anbraten
- Tandoori-Hähnchen aufwärmen und anrichten
- Chutneys und Pickles mit Minipappadums anrichten
- Raita mit Naan-Brot bereitstellen

Im letzten Moment

- Kokos-Garnelen mit Mango-Minz-Sauce anrichten
- Suppe mit Gewürzöl ausschenken
- Pakoras aufwärmen und zum Tamarinden-Dip stellen
- Himbeermeringuen auf eine Platte geben
- Geeisten Chai-Tee ausschenken
- Exotischen Obstsalat in eine Schüssel geben

Zucchiniröllchen

mit Minze, Chilis und Ziegenkäse

Kleine Zucchini haben einen süßen, butterähnlichen Geschmack und lassen sich wegen ihres weicheren Fruchtfleischs leichter aufrollen. Statt mit Schnittlauch können Sie die Röllchen auch mit Zahnstochern zusammenhalten.

1 Den Grill auf hohe Temperatur vorheizen. Mit einem sehr scharfen Messer die Zucchini der Länge nach in 20 etwa 5 mm dicke Scheiben schneiden. Mit 2 EL des Olivenöls bepinseln und mit Salz und Pfeffer würzen. In einer Grillpfanne auf beiden Seiten anbraten, bis sie Streifen bekommen. Nicht zu lange braten, weil sie sonst beim Rollen auseinanderfallen. Zur Seite stellen und abkühlen lassen.

2 Das restliche Öl in einer Bratpfanne erhitzen und die Chilis anbraten, bis sie an den Kanten knusprig sind. Auf Küchenpapier entfetten lassen.

3 In einer kleinen Kasserolle Wasser aufkochen, den Schnittlauch hineingeben und sofort wieder mit dem Schaumlöffel herausholen. Kurz in kaltes Wasser legen, dann auf Küchenpapier abtropfen lassen. Auf diese Weise lässt er sich binden, ohne zu brechen.

4 Die Zucchinischeiben mit etwa 1 TL Ziegenkäse bestreichen. Jeweils einige Minzeblätter, 2–3 Chilistreifen und etwas Rucola so auf das eine Ende legen, dass sie an der Seite überstehen. Vorsichtig aufrollen und mit Zahnstochern festhalten, dann mit Schnittlauch binden. Enden mit einer Schere abschneiden und Zahnstocher herausziehen. Bis zum Servieren in den Kühlschrank stellen.

Vorbereitung

Am Morgen vor dem Verzehr können die Zucchini gegrillt und die Chilis angebraten werden, im Kühlschrank aufbewahren. Die Röllchen bis zu 2 Stunden im Voraus aufrollen, mit Küchenpapier bedecken und in Frischhaltefolie wickeln, damit sie nicht matschig werden.

ZUTATEN

4–5 kleine Zucchini

3 EL bestes Olivenöl

Jeweils ½ TL Salz und Pfeffer

2 daumengroße rote Chilis, von den Samen befreit und in feine Streifen geschnitten

1 kleines Bund frischer Schnittlauch

100 g milder Ziegenkäse

15 g frische Minze

2 kleine Hand voll junger Rucola, lange Stiele entfernt

Zahnstocher, zum Befestigen

Vorbereitungszeit 20 Minuten

Garzeit 10–15 Minuten

Ergibt 20 Röllchen

SCHNELL KOMBINIERT

Avocado mit Balsamico-Essig *(Seite 173)* • Weißer Bohnen-Dip *(Seite 71)* • Brownies mit Schokoladensauce *(Seite 214)*

KLEINES BUFFET

Spinat-Joghurt-Dip *(Seite 66)* • Lamm-Spieße mit Kreuzkümmel *(Seite 112)* • Spinatsalat mit Pfefferbirnen *(Seite 84)*

Gegrillte Paprika mit Mozzarella

und warmem, süßsaurem Anchovisdressing

Wenn Ihre Zeit knapp ist, verwenden Sie Peppadews *(siehe Seite 224)* anstelle der gegrillten Paprikas. Diese süßsauer eingelegten jungen Paprikaschoten schmecken wunderbar.

1 Den Grill auf hohe Temperatur vorheizen. Die Paprika mit der Haut nach oben auf ein beschichtetes Blech legen und 5 Minuten unter den Grill schieben, bis sie schwarz sind. In einen Gefrierbeutel legen, verschließen und 5 Minuten ruhen lassen, dann Haut abziehen. In 2,5 cm breite Streifen schneiden und zur Seite stellen.

2 Für das Dressing Knoblauch und Anchovis in einer kleinen Pfanne mit dem Öl vorsichtig goldbraun braten. Essig, Chilis, Honig, Zwiebel, Salz und Pfeffer einrühren und 2–3 Minuten köcheln lassen, bis es sirupartige Konsistenz hat.

3 Den Mozzarella in Stücke zupfen. Salatzutaten auf einer Platte oder einzelnen Tellern anrichten, das warme Dressing darüberträufeln und mit Minze und Basilikum bestreuen.

Vorbereitung

Die Paprika können am Vortag vorbereitet und im Kühlschrank aufbewahrt werden. Das Dressing kann am Morgen zubereitet und kurz vor dem Servieren aufgewärmt werden.

ZUTATEN

6 rote Paprika, von den Samen befreit, geviertelt

3 frische Kugeln Büffelmozzarella, abgetropft

1 kleine Hand voll frische Basilikum- und Minzeblätter

Dressing

75 ml bestes Olivenöl

2 Knoblauchzehen, in dünne Scheiben geschnitten

1 Anchovis, abgespült

75 ml Rotweinessig

½ TL zerstoßene rote Chilis

1½ TL Honig

1 kleine rote Zwiebel, in dünne Ringe geschnitten

Jeweils ½ TL Salz und Pfeffer

Vorbereitungszeit 20 Minuten

Garzeit 5 Minuten

Ergibt 8 kleine Teller, 4 Vorspeisen oder eine Platte

SCHNELL KOMBINIERT

Feta-Dip *(Seite 70)* • Gewürzgarnelen *(Seite 148)* • Biscotti, Mascarpone und Dessertwein *(Seite 215)*

KLEINES BUFFET

Frittierte Artischocken auf Römische Art *(Seite 12)* • Salbei-Zitronen-Fleischbällchen *(Seite 131)*

Gerösteter Butternusskürbis
mit Soja-Balsamico-Dressing

Durch das Rösten wird der Butternusskürbis süß und cremig und passt erstaunlich gut zu kräftigen asiatischen Aromen wie der Sojasauce.

1 Den Ofen auf 200 °C vorheizen. Den Kürbis auf ein beschichtetes Blech legen, mit Olivenöl beträufeln und mit Salz und Pfeffer würzen. 20 Minuten backen, dabei mehrmals das Blech schütteln, damit der Kürbis nicht anhaftet. Aus dem Ofen nehmen und zur Seite stellen. Frühlingszwiebeln in feine Ringe schneiden.

2 Alle Zutaten für das Dressing in einen Behälter mit Deckel geben, gut schütteln. Den Rucola auf den Tellern verteilen und den Kürbis darauf anrichten. Mit dem Dressing beträufeln und mit Sesamsamen, Frühlingszwiebeln und Koriandergrün garnieren.

Vorbereitung
Kürbis und Dressing können am Morgen zubereitet werden. Rösten Sie den Kürbis nicht ganz gar, sondern wärmen Sie ihn vor dem Servieren noch einmal auf. Spätestens eine halbe Stunde nach dem Beträufeln mit dem Dressing servieren.

ZUTATEN

1 großer Butternusskürbis, geschält, Kerne entfernt, in 2,5 cm große Würfel geschnitten

2 EL Olivenöl

Jeweils 1 TL Meersalz und Pfeffer

4 große Hand voll Rucola

1 TL gerösteter Sesam

4 Frühlingszwiebeln

1 kleine Hand voll Koriandergrün

Dressing

6 EL bestes Olivenöl

3 EL Balsamico-Essig

1 EL Sojasauce

1 mittelgroße rote Chili, von den Samen befreit und fein gehackt

½ Knoblauchzehe, fein gehackt

1 TL Honig

Saft von ½ Limette

Zubereitungszeit 15 Minuten

Garzeit 20 Minuten

Ergibt 8 kleine Salate oder 4 Vorspeisen

SCHNELL KOMBINIERT

Brunnenkressesalat mit Frühlingszwiebeln *(Seite 93)* • Garnelen-Gurken-Spieße *(Seite 149)* • Ungeschälte Lychees *(Seite 215)*

KLEINES BUFFET

Klößchen mit Garnelen und Schweinefleisch *(Seite 184)* • Avocado-Crostini *(Seite 164)*

Avocado-Crostini

mit Frischkäse und süßer Chili

Es mag Ihnen seltsam vorkommen, Avocado mit asiatischen Aromen zu kombinieren, aber gerade Chili schmeckt im Zusammenspiel mit cremigen Zutaten köstlich.

1 Den Ofen auf 200°C vorheizen. Für die Crostini die Brotscheiben auf ein beschichtetes Backblech legen, mit 3 EL Öl bepinseln und würzen. 6 Minuten backen, bis die Kanten braun, das Innere aber noch weich ist. Mit dem Knoblauch einreiben und zur Seite stellen.

2 Jeweils 1–2 TL Frischkäse auf die Brotscheiben streichen und mit 2 Scheiben Avocado und Frühlingszwiebeln belegen. Mit der süßen Chili-Dipsauce beträufeln, dem Chili bestreuen und servieren.

Vorbereitung

Rösten Sie das Brot schon 2 Tage zuvor und bewahren Sie es in einem luftdichten Behälter auf. Die Crostinis können eine halbe Stunde vor dem Servieren fertig gestellt werden, beträufeln Sie sie aber mit etwas Zitronen- oder Limettensaft, damit sich die Avocado nicht verfärbt.

ZUTATEN

16 Scheiben à 5x5cm Sauerteig- oder anderes Baguette

3 EL Olivenöl

1 Knoblauchzehe, geschält

200g Frischkäse

4 Avocadohälften, geschält, jeweils in 4 Scheiben geschnitten

4 Frühlingszwiebeln mit Grün, fein gehackt

1 Portion süße Chili-Dipsauce *(Seite 218)* oder süße Chili-Dipsauce aus der Flasche, zum Beträufeln

2 daumengroße Chilis, von den Samen befreit und in schmale Streifen geschnitten

Vorbereitungszeit 10 Minuten

Garzeit 6 Minuten

Ergibt 16 Crostini

SCHNELL KOMBINIERT

Asiatischer Gurkensalat *(Seite 93)* • Würziger Erdnussdip (Seite 71) • Garnelen-Gurken-Spieße *(Seite 149)*

KLEINES BUFFET

Rote Curry-Suppe mit Kürbis *(Seite 46)* • Glasnudelsalat *(Seite 76)* • Kokosmakronen *(Seite 210)*

Gorgonzola-Crostini mit gebratenem Knoblauchkohl und Sultaninen

Wenn Sie den Kohl vor dem Braten blanchieren, behält er seine frische Farbe und verliert jegliche Bitterkeit. Statt des Sauerteigbrots können Sie auch Ciabatta oder jedes andere Brot verwenden.

1 Den Ofen auf 200 °C vorheizen. Für die Crostini die Brotscheiben auf ein beschichtetes Backblech legen, mit 3 EL Öl bepinseln und mit ½ TL Salz und etwas schwarzem Pfeffer würzen. 6 Minuten backen, bis die Kanten braun, das Innere aber noch weich ist. Mit einer der Knoblauchzehen einreiben und zur Seite stellen.

2 Etwas gesalzenes Wasser aufkochen und den Kohl hineingeben. Temperatur verringern und etwa 5 Minuten köcheln lassen, bis der Kohl gar, aber noch fest ist. Abgießen und sofort in Eiswasser legen, damit er nicht Farbe und Biss verliert. Abtropfen lassen und möglichst viel Flüssigkeit mit den Händen ausdrücken. Zur Seite stellen.

3 Die Knoblauchzehen in feine Scheiben schneiden. Das restliche Öl in einer großen Pfanne erhitzen und Knoblauch und Chilis leicht anbräunen. Den abgetropften Kohl hinzufügen und mischen. Sultaninen, Pinienkerne und Essig einrühren und warm werden lassen.

4 Den Gorgonzola dick auf die Brotscheiben streichen und mit dem Kohlgemüse belegen. Mit Parmesanspänen garniert servieren.

Vorbereitung

Rösten Sie das Brot schon 2 Tage zuvor und bewahren Sie es in einem luftdichten Behälter auf. Der Kohl kann am Morgen blanchiert werden, in den Kühlschrank stellen. Mischen Sie ihn frühestens 1 Stunde vor dem Servieren, damit er nicht die Farbe verliert.

ZUTATEN

16 Scheiben Sauerteigbrot

6 EL bestes Olivenöl

½ TL Salz

Frisch gemahlener schwarzer Pfeffer

2 Knoblauchzehen

4 große Hand voll Grünkohl, in 2,5 cm große Stücke gehackt

½ TL zerstoßene rote Chilis

1 EL Sultaninen, 10 Minuten in warmem Wasser eingeweicht

2 EL Pinienkerne, geröstet

3 EL Balsamico-Essig

100 g Gorgonzola

Parmesanspäne, zum Garnieren

Vorbereitungszeit 15 Minuten

Garzeit 12 Minuten

Ergibt 16 Crostini

SCHNELL KOMBINIERT

Kleine Garnelen mit Rucola *(Seite 149)* • Selleriesalat *(Seite 92)* • Marinierte Oliven mit Orange *(Seite 30)*

KLEINES BUFFET

Pilz-Maronen-Suppe *(Seite 38)* • Dicke Auberginenstangen *(Seite 23)* • Artischocken im Blätterteig *(Seite 196)*

Junge Rote Bete mit Bresaola

und cremigem Meerrettichdressing

Die geröstete Haut der jungen Roten Bete ist köstlich, Sie müssen sie also für diesen schönen rot-grünen Salat nicht schälen.

1 Den Ofen auf 200 °C vorheizen. Die Rote Bete auf ein großes Stück Alufolie legen, Thymian, Salz und Pfeffer hinzufügen und das Olivenöl darüberträufeln. Die Folie zu einem luftdichten Paket verschließen. 45 Minuten backen, bis die Rote Bete leicht einzuschneiden sind. Aus der Folie nehmen, Stiele entfernen und halbieren. In einer Schüssel mit dem Rotweinessig beträufeln.

2 Die Zutaten für das Dressing in einer kleinen Schale verrühren. Rucola, Bresaola und Rote Bete auf 8 kleine Teller verteilen. Direkt vor dem Servieren das Dressing darübergeben und mit Schnittlauch oder Petersilie bestreuen.

Vorbereitung

Am Morgen können die Rote Bete geröstet und das Dressing zubereitet werden. Jeweils abdecken und im Kühlschrank aufbewahren. Direkt vor dem Servieren anrichten.

ZUTATEN

10–12 junge oder 4 mittelgroße, geviertelte Rote Bete

2 Zweige Thymian

Jeweils ½ TL Salz und Pfeffer

3 EL bestes Olivenöl

2 EL Rotweinessig

1 kleine Hand voll Rucola

4 Scheiben Bresaola, Prosciutto oder Serrano-Schinken, in Hälften gezupft

Frischer Schnittlauch oder Petersilie, gehackt, zum Garnieren

Dressing

1 EL geriebener Meerrettich, frisch oder aus dem Glas

5 EL Crème fraîche oder Sauerrahm

1 TL Weißwein- oder Reis-Essig

1 EL Zitronensaft

1 EL geriebene Schale einer unbehandelten Zitrone

Jeweils ½ TL Salz und Pfeffer

Vorbereitungszeit 15 Minuten

Garzeit 45 Minuten

Ergibt 8 kleine Teller

SCHNELL KOMBINIERT

Tomaten-Feta-Spießchen *(Seite 31)* • Marinierte Anchovis *(Seite 30)* • Gewürzgarnelen *(Seite 148)*

KLEINES BUFFET

Gelbe Linsensuppe *(Seite 44)* • Garnelen im Serrano-Mantel *(Seite 108)* • Mini-Crumbles aus Pfirsichen und Himbeeren *(Seite 212)*

Gegrillte Thai-Auberginen
mit Miso-Dressing

Miso ist eine fermentierte Sojabohnenpaste aus Japan. Ihr nussiger, salziger Geschmack ergänzt die Feinheit der Auberginen. Nehmen Sie möglichst Thai-Auberginen, weil sie eine seidige, weiche Konsistenz haben.

1 Den Ofen auf 200 °C vorheizen. Thai-Auberginen der Länge nach halbieren, dabei die Stiele nicht entfernen. Größere Auberginen in 2,5 cm breite Scheiben schneiden. Das Fruchtfleisch kreuzweise einschneiden, mit Öl beträufeln und mit Salz und Pfeffer würzen. Auf ein beschichtetes Blech legen und etwa 20 Minuten goldbraun backen.

2 Die Zutaten für das Dressing in einer kleinen Schale gut verrühren. Dick auf die Auberginen streichen und mit Sesam bestreuen. 1–2 Minuten unter den Grill stellen. Mit Frühlingszwiebeln garnieren und mit dem restlichen Dressing als Dip servieren.

Vorbereitung
Das Dressing kann am Vortag zubereitet werden. Rösten Sie die Auberginen 4 Stunden vor dem Verzehr und grillen Sie sie erst kurz vor dem Servieren.

ZUTATEN

12 Thai- oder 4 kleine Auberginen *(siehe Seite 224)*

2 EL Olivenöl oder anderes Öl

Jeweils ½ TL Salz und Pfeffer

1 TL Sesam

4 Frühlingszwiebeln, gehackt, zum Garnieren

Dressing

85 g Misopaste *(am besten helle)*

3 EL Zucker

3 EL Sake

Saft von ½ Limette und ½ Zitrone

½ TL Chiliflocken oder ½ frische rote Chili, fein gehackt

Vorbereitungszeit 10 Minuten

Garzeit 22 Minuten

Ergibt 8 Portionen

SCHNELL KOMBINIERT

Brunnenkressesalat mit Frühlingszwiebeln *(Seite 93)* • Frische Austern *(Seite 148)* • Karamellisierte Ananas vom Grill *(Seite 214)*

KLEINES BUFFET

Gerösteter Butternusskürbis *(Seite 163)* • Peking-Rollen mit Entenbrust *(Seite 180)* • Kurz gebratener Thunfisch mit Sesam *(Seite 138)*

Schnelles Gemüse

Einfacher geht's nicht

Meist sind die einfachen Gerichte die besten, vor allem wenn Sie gute Produkte der Saison verwenden. Viele Leute schrecken vor der Zubereitung von Gemüsegerichten zurück. Einfaches Grillen, Rösten oder gutes Würzen brauchen nicht viel Zeit. Wagen Sie sich ins Abenteuer und probieren Sie Neues, wie die gerösteten Schalotten – so einfach und doch so schmackhaft.

Geröstete Süßkartoffeln mit Kreuzkümmel

3 große, geschälte Süßkartoffeln in Schnitze von etwa 2,5 cm Breite schneiden, mit 2 EL Olivenöl beträufeln und 2 TL ganze Kreuzkümmelsamen darüberstreuen. Im auf 200 °C vorgeheizten Ofen 30–40 Minuten knusprig rösten. Das Blech oft schütteln, damit die Kartoffeln nicht anhaften. Warm servieren.

Piquillo-Schoten mit Sherry-Essig

Eine 200-g-Dose spanische Piquillo-Schoten *(s.S. 223)* oder geröstete rote Paprika abgießen und in dünne Streifen schneiden. Mit 1 TL Sherry-Essig, 1 EL bestem Olivenöl und 1 kleinen Hand voll gehackter Petersilie vermischen und mit Salz und Pfeffer abschmecken. Dazu Toastbrot reichen.

Gerösteter Spargel mit Sojasauce, Balsamico-Essig und Walnussöl

2 Bund grünen Spargel klein schneiden und mit 1 TL Sojasauce, 1 EL Walnussöl und 1 EL Balsamico-Essig vermischen, mit Salz und Pfeffer würzen. Im vorgeheizten Ofen bei 200 °C 15 Minuten goldbraun backen. Sie können ihn auch in einer Grillpfanne garen und die Vinaigrette anschließend darüberträufeln. Warm servieren.

Gegrillter Chicoree mit Essig

2–3 kleine Köpfe Chicoree der Länge nach halbieren. Die Schnittflächen mit 1 TL Olivenöl bepinseln und mit Salz und Pfeffer bestreuen. Mit der Schnittfläche nach unten in eine Grillpfanne legen und goldbraun grillen. Jede Hälfte nach dem Garen mit etwas Sherry- oder Balsamico-Essig beträufeln. Auf eine Platte legen. Die Gäste bedienen sich mit der Hand.

Geröstete Paprika mit Knoblauch

3 rote Paprika halbieren, Samen entfernen. Jede Hälfte mit einigen halbierten Kirschtomaten, 2 Scheiben einer Knoblauchzehe, 3 Kapern und 2–3 Basilikumblättern füllen, salzen und pfeffern. Im vorgeheizten Ofen bei 200 °C 30–40 Minuten hellbraun backen. 2 Kugeln frischen Mozzarella in Stücke zupfen und auf die noch heißen Paprika legen, damit der Käse schmilzt. Servieren.

Marinierte italienische Pilze

In einer Schüssel 500 g kleine Champignons mit 3 EL bestem Olivenöl, 2 EL Balsamico-Essig, 1 TL zerstoßenen Fenchelsamen, 1 Messerspitze zerstoßenen Chilis und 1 TL Honig vermischen, mit Salz und Pfeffer würzen. 30 Minuten marinieren, dann servieren.

Gedämpfte Edamame mit Meersalz

500 g tiefgefrorene Edamame-Sojabohnen *(s.S. 223)* etwa 4 Minuten dämpfen, bis sie ganz warm und leicht weich sind, aber noch nicht die Form verlieren. In eine Schale füllen und 1 EL Sojasauce und 1 TL grobes Meersalz darübergeben. Edamame gibt es in gut sortierten Asia-Läden oder im Internet *(siehe Seite 224)*.

Möhren in Vinaigrette

4 große Möhren schälen, in Scheiben schneiden und in sprudelndem, gesalzenem Wasser bissfest kochen. In eine Schale geben. In einem Schälchen 3 EL Rotweinessig, 5 EL bestes Olivenöl, 1 gehackte Knoblauchzehe und 1 kleine Hand voll gehackte Petersilie vermischen und über die Karotten gießen. Über Nacht, mindestens aber 1 Stunde, im Kühlschrank marinieren lassen.

Avocado mit Balsamico-Essig und Dill

3–4 Avocados halbieren, Steine entfernen und mit etwas Zitronensaft einreiben. In jede Hälfte 1 TL bestes Olivenöl, 1 TL Balsamico-Essig und 1 kleine Hand voll frischen gehackten Dill geben, mit Salz und Pfeffer würzen. Sofort servieren.

Geröstete Schalotten

15 kleine bis mittelgroße ungeschälte Schalotten *(s.S. 223)* auf einem Backblech mit 1 EL Olivenöl vermischen und 30 Minuten bei 200 °C rösten. Warm servieren und jeden Gast seine Schalotte selbst schälen lassen.

Geröstete neue Kartoffeln mit geräuchertem Paprika

Geröstete neue Kartoffeln mit geräuchertem Paprika

In einer Schüssel 500 g kleine neue Kartoffeln mit 2 EL Olivenöl und 1 TL Pimentón *(s.S. 223)* oder edelsüßem Paprikapulver oder Chilipulver vermischen. 30 Minuten im vorgeheizten Ofen bei 200 °C rösten und mit einem Dip und Zahnstochern zum Aufnehmen servieren.

Radieschen mit Tapenade und kalter Butter

Nur die Wurzeln von 3–4 Hand voll Radieschen entfernen, das Grün dient als Griff. Mit guter Tapenade aus schwarzen Oliven und etwas kalter Butter zum Dippen servieren.

Jedes dieser kleinen Päckchen, das Ihre Küche verlässt, ist ein Geschenk mit einem saftigen Schatz im Inneren. Suchen Sie sich zunächst Ihr liebstes Verpackungsmaterial aus der unendlichen Vielfalt von Tortillas, Reispapier und Teig aus. Lassen Sie dann Ihrer Kreativität freien Lauf mit pikanten Füllungen aus Gemüse, Meeresfrüchten oder Käse – und schon geht's ans Rollen und Falten!

Umhüllte, verpackte und gerollte Köstlichkeiten

Frühlingsrollen mit Meeresfrüchten

und süßer Chili-Koriander-Sauce

Schon ein einziger Bissen dieser vietnamesischen Spezialität mit dem intensiven Aroma frischer Kräuter wird Sie überwältigen. Im Gegensatz zu frittierten Rollen werden diese mit Reispapier zubereitet.

1 Meeresfrüchte, Zwiebel, Möhren, Ingwer und Kräuter in einzelnen Häufchen auf ein Tablett legen. Ein großes sauberes Geschirrtuch auf der Arbeitsfläche ausbreiten und eine Schüssel mittlerer Größe mit heißem Wasser füllen.

2 Jeweils 1 Blatt Reispapier etwa 30 Sekunden in das heiße Wasser geben, bis es weich und biegsam ist. Auf das Geschirrtuch legen und mit einem zweiten Tuch überschüssiges Wasser abtupfen. Die untere Hälfte des Blatts mit 1 EL Meeresfrüchte und einigen Möhren, Zwiebelringen und Kräutern so belegen, dass sie an einer Seite etwas überstehen. Den unbelegten Teil des Blattes über den Belag schlagen, dann das Reispapier von der Seite darüberfalten und zu einem festen Päckchen aufrollen. Mit der süßen Chili-Koriander-Sauce servieren.

Vorbereitung

Die Rollen können am Vorabend zubereitet, in 2 Geschirrhandtücher und Frischhaltefolie eingewickelt und im Kühlschrank aufbewahrt werden.

ZUTATEN

250g gemischte, gekochte Meeresfrüchte, z.B. weißes Krebsfleisch, geschälte Garnelen und Hummerfleisch

1 rote Zwiebel, in feine Ringe geschnitten

2 große Möhren, in sehr dünne Scheiben geschnitten

5cm frischer Ingwer, geschält und in sehr dünne Scheiben geschnitten

20 Korianderzweige von etwa 7,5cm Länge

40 frische Minzeblätter

20 runde Reispapierblätter à 15cm Durchmesser

1 Portion süße Chili-Koriander-Sauce *(Seite 218)* oder fertige Chili-Dipsauce, zum Servieren

Vorbereitungszeit 1 Stunde

Ergibt 20 Rollen

SCHNELL KOMBINIERT

Garnelen-Gurken-Spieße *(Seite 149)* • Brunnenkressesalat mit Frühlingszwiebeln *(Seite 93)* • Wassermelone *(Seite 215)*

KLEINES BUFFET

Thailändische Maispuffer *(Seite 26)* • Zitronengras-Rindfleisch-Spieße *(Seite 104)* • Salat aus kurz gebratener Ente und Mango *(Seite 90)*

Steak-Tacos
mit Tomatillosauce

Tomatillos sehen wie kleine grüne Tomaten aus. Wenn Sie keine frischen bekommen, nehmen Sie welche aus der Dose.

1 In einer großen Schüssel Olivenöl, Pimentón, Salz und Pfeffer vermischen und das Fleisch darin 30 Minuten marinieren.

2 Für die Sauce die Zwiebeln im Limettensaft einweichen. Währenddessen den Knoblauch auf mittlerer Hitze 8 Minuten in einer beschichteten Pfanne ohne Fettzugabe rösten, bis er weich und schwarz ist. Abkühlen lassen und schälen. Die Tomatillos auf einem Backblech verteilen und bei hoher Temperatur im Grill in etwa 8 Minuten schwarz werden lassen. Abkühlen lassen.

3 Knoblauch, Tomatillos, Chipotles, Koriandergrün, Salz und Pfeffer in der Küchenmaschine oder dem Mixer zu einem groben Püree verarbeiten. Zwiebel-Zitronensaftmischung unterheben und zur Seite stellen.

4 Grill auf mittlere Temperatur vorheizen. Fleisch aus der Marinade nehmen und auf jeder Seite 3 Minuten medium rare braten. Mit Alufolie abdecken, 10 Minuten ruhen lassen, dann gegen die Faser in dünne Scheiben schneiden. Frühlingszwiebeln mit etwas Öl vermischen, würzen und kurz grillen. Tacos mit Fleisch, Tomatillosauce, Crème fraîche, Möhren-Escabeche (nach Belieben), Frühlingszwiebeln und Salat füllen. Sofort servieren. Sie können auch die Gäste ihre Tacos selber füllen lassen.

Vorbereitung

Das Fleisch kann bis zu 2 Tage im Kühlschrank marinieren. Am Vortag zubereitete Sauce im Kühlschrank aufbewahren.

SCHNELL KOMBINIERT	KLEINES BUFFET
Salat aus Palmherzen *(Seite 92)* • Fruchtsalsa *(Seite 70)* • Pimientos de Padrón *(Seite 30)*	Garnelen im Serrano-Mantel *(Seite 108)* • Nachos mit Krebsfleisch und Gruyère *(Seite 142)*

ZUTATEN

1 EL Olivenöl

½ TL Pimentón *(siehe Seite 224)* oder edelsüßes Paprikapulver

Jeweils ½ TL Salz und Pfeffer

2 Lenden-, Rump- oder Filetsteaks à 250 g

8 Frühlingszwiebeln

Olivenöl, zum Grillen

16 fertige Tacos

200 g Crème fraîche oder Schmand

1 Portion Möhren-Escabeche, nach Belieben *(Seite 216)*

16 Blätter von Salatherzen, zum Servieren

Sauce

1 kleine rote Zwiebel, fein gewürfelt

Saft von 1 Limette

8 große Knoblauchzehen, ungeschält

1 kg Tomatillos *(siehe Seite 224)*, geschält und abgespült (300 g aus der Dose entsprechen 500 g frischen Tomatillos)

2 in Adobo eingelegte Chipotles

1 kleines Bund Koriandergrün

Jeweils ½ TL Salz und Pfeffer

Zubereitungszeit 15 Minuten, zusätzlich 30 Minuten zum Marinieren

Garzeit 30 Minuten

Ergibt 16 kleine Tacos

Peking-Rollen mit Entenbrust

und Pflaumensauce

Diese Variation des Klassikers verlangt eigentlich echte chinesische Pfannkuchen, aber kleine Tortillas passen auch sehr gut. Es ist wichtig, sie vorher einige Sekunden zu erwärmen, damit sie beim Aufrollen nicht brechen.

1 Sojasauce, Honig und Ingwer in einer mittelgroßen Schüssel vermischen. Die Entenbrust kreuzweise einschneiden und in die Schüssel legen. Mit schwarzem Pfeffer würzen, wenden und mindestens 1 Stunde marinieren.

2 Ente aus der Marinade nehmen und auf Küchenpapier abtropfen lassen. Eine beschichtete Pfanne erhitzen und die Ente mit der Haut nach unten hineinlegen. Sehr langsam auf niedriger Stufe etwa 10 Minuten anbraten, dabei das schmelzende Fett abgießen, damit es nicht spritzt. Sobald die Haut dünn und knusprig ist, Ente wenden und weitere 5 Minuten braten. 10 Minuten ruhen lassen, dann in ungefähr 10 dünne Scheiben pro Brust schneiden.

3 Jeden Pfannkuchen mit 1 TL Sauce bestreichen, darauf 1 Scheibe Fleisch, etwas Schnittlauch, Frühlingszwiebeln und Gurke legen. Aufrollen und mit Schnittlauch zusammenbinden oder mit einem Zahnstocher befestigen, damit sich die Rolle nicht öffnet.

Vorbereitung
Die Ente kann abgedeckt bis zu 2 Tage im Kühlschrank mariniert, am Vortag gebraten und wieder in den Kühlschrank gestellt werden. Die Zwiebeln können 2 Stunden im Voraus geschnitten werden. Rollen Sie die Pfannkuchen 2 Stunden vor dem Verzehr auf und decken Sie sie mit Küchenpapier und Frischhaltefolie ab.

ZUTATEN

2 EL Sojasauce

1 EL Honig

1 EL gemahlener Ingwer

2 Entenbrüste

Zerstoßener schwarzer Pfeffer

20 Peking-Pfannkuchen oder kleine Tortillas

1 Glas chinesische Pflaumen- oder Hoisinsauce *(siehe Seite 224)*

1 kleine Hand voll Schnittlauch

4 Frühlingszwiebeln, in Stifte geschnitten

1 mittelgroße Gurke, in feine Stifte geschnitten

Vorbereitungszeit 10 Minuten, zusätzlich 1 Stunde zum Marinieren

Garzeit 15 Minuten

Ergibt 20 kleine Rollen

SCHNELL KOMBINIERT

Frischkäse-Dip mit Krebsfleisch *(Seite 71)* • Gewürzgarnelen *(Seite 148)* • Karamellisierte Ananas vom Grill *(Seite 214)*

KLEINES BUFFET

Thailändische Maispuffer *(Seite 26)* • Hainan-Hähnchen *(Seite 127)* • Gerösteter Butternusskürbis *(Seite 163)*

Feta mit Safran in Filoteig

mit eingelegter Zitrone und Zwiebeln

Eingelegte Zitronen sind eine marokkanische Spezialität. Sie schmecken salzig-scharf, haben aber nicht die Bitterkeit von frischer Zitronenschale. Sie können sie leicht selbst einlegen oder im Delikatessengeschäft oder im Internet kaufen *(siehe Seite 224)*.

1 Die Zwiebel im Olivenöl in einer mittelgroßen Kasserolle in 8 Minuten weich dünsten, Mit Salz und Pfeffer würzen.

2 Knoblauch, eingelegte Zitrone, Pimentón und Safran dazugeben und weitere 2–3 Minuten dünsten. In eine Schüssel füllen und abkühlen lassen. Dann vorsichtig mit dem Feta mischen und abschmecken.

3 Den Ofen auf 200 °C vorheizen und ein Backblech hineinstellen. Vorsichtig 1 Blatt Filoteig nehmen und der Länge nach halbieren. Den restlichen Teig mit einem Geschirrhandtuch abdecken, damit er nicht austrocknet. Teigstreifen mit zerlassener Butter bestreichen und 1 Löffel Füllung auf ein Ende setzen. Diagonal eine Ecke so über die Füllung legen, dass ein Dreieck entsteht. Dann die andere Ecke diagonal darüberlegen usw., bis die Füllung gut eingeschlossen ist, dann den Streifen abschneiden. Außen mit zerlassener Butter einstreichen und bis zum Backen im Kühlschrank aufbewahren.

4 Vorsichtig die Dreiecke auf das warme Backblech legen und 15 Minuten goldbraun backen. Warm mit griechischem Joghurt oder süßem Tomatenrelish servieren.

Vorbereitung

Die Ecken können am Vortag zubereitet und in Küchenpapier und Frischhaltefolie eingewickelt bis zum Backen im Kühlschrank aufbewahrt werden.

ZUTATEN

4 EL Olivenöl

1 große Zwiebel, fein gehackt

3 Knoblauchzehen, fein gehackt

½ eingelegte Zitrone, nur die Schale, gut abgespült und fein gehackt

½ TL Pimentón *(siehe Seite 224)* oder edelsüßes Paprikapulver

½ TL Safranfäden, zerstoßen und in 1 EL heißem Wasser eingeweicht

200 g Feta, zerkrümelt

270 g Filoteig

Zerlassene Butter oder Öl, zum Bestreichen

Griechischer Joghurt oder süßes Tomatenrelish *(Seite 218)*, zum Servieren

Vorbereitungszeit 30 Minuten

Garzeit 25 Minuten

Ergibt 20 Ecken

SCHNELL KOMBINIERT

Junger Salat mit Walnussöl und Sherry-Essig *(Seite 92)* • Hummus mit geräuchertem Paprika *(Seite 70)* • Orangen mit Rosenwasser *(Seite 214)*

KLEINES BUFFET

Spinat-Joghurt-Dip *(Seite 66)* • Gelbe Linsensuppe *(Seite 44)* • Pochierte Kardamom-Aprikosen *(Seite 211)*

Klößchen mit Garnelen und Schweinefleisch und Knoblauchöl

Diese Klößchen sind einfacher zuzubereiten, als Sie denken. Gyoza- und Wantan-Blätter finden Sie im Asia-Markt. Sie lassen sich gut einfrieren.

1 Für die Füllung die beiden ganzen Knoblauchzehen, Ingwer und Koriandergrün in der Küchenmaschine zu einer Paste zerreiben. Frühlingszwiebeln, Wasserkastanien, Garnelen, Schweinehackfleisch, Maismehl, Eiweiß und Sojasauce dazugeben und gut verarbeiten.

2 Ein Teigblatt auf die Hand legen und 1 EL Füllung in die Mitte setzen. Den Teig so falten, dass die Füllung eingeschlossen, aber noch zu sehen ist. Den Boden leicht flach drücken, dann auf ein mit Maismehl bestaubtes Plastikbrett setzen. Klößchen bis zum Dämpfen in den Kühlschrank stellen. Unverarbeitete Teigblätter mit einem Geschirrhandtuch bedecken, damit sie nicht austrocknen.

3 Das Öl in einer kleinen Kasserolle erhitzen und darin den gehackten Knoblauch 1 Minute golden anbraten. Nicht zu braun werden lassen! Vom Herd nehmen und zur Seite stellen.

4 Einen großen Topf 5 cm hoch mit Wasser füllen und zum Kochen bringen. Einen Bambus-Dämpfeinsatz mit Backpapier auslegen und 10 Klößchen so hineinsetzen, dass sie sich nicht berühren. Deckel auflegen und 6–8 Minuten dämpfen. Restliche Klößchen auf gleiche Weise garen. Auf eine Servierplatte legen und mit Knoblauchöl beträufeln. Mit Kecap manis servieren.

Vorbereitung

Die Klößchen können bis zu 4 Stunden vorher zubereitet und im Kühlschrank aufbewahrt werden. Oder rohe Klößchen einzeln auf einem Blech einfrieren und dann im Gefrierbeutel aufbewahren. Vor dem Dämpfen im Kühlschrank auftauen.

ZUTATEN

200 g mageres Schweinehackfleisch

200 g rohe geschälte Garnelen

1 kleines Bund Koriandergrün

2 Frühlingszwiebeln, fein gehackt

7 Wasserkastanien *(siehe Seite 224)*, fein gehackt

1 cm Ingwer

4 Knoblauchzehen, 2 davon fein gehackt

1 TL Maismehl

1 TL Eiweiß

1 TL Sojasauce

20 Wantan-Blätter, zu Kreisen geschnitten, oder Gyoza-Blätter *(siehe Seite 224)*

3 EL Erdnuss- oder anderes Öl

Kecap manis *(siehe Seite 224)* oder Sojasauce, zum Servieren

Vorbereitungszeit 30 Minuten

Garzeit 25 Minuten

Ergibt 20 Klößchen

SCHNELL KOMBINIERT

Gedämpfte Edamame *(Seite 173)* • Asiatischer Gurkensalat *(Seite 93)* • Sushi *(Seite 30)*

KLEINES BUFFET

Schweinefleisch-Satays *(Seite 109)* • Kurz gebratener Thunfisch mit Sesam *(Seite 138)* • Passionsfrucht-Trifle *(Seite 206)*

Knusprige Chorizo-Quesadillas
mit Guacamole

Die cremige Avocado passt sehr gut zum geschmolzenen Käse dieser Quesadillas. Probieren Sie auch einmal andere Füllungen, z. B. gegrillte Pilze mit Ziegenkäse.

1 Den Ofen auf 140 °C vorheizen. Für die Guacamole die Avocados mit einem Kartoffelstampfer oder einer Gabel in einer Schüssel zerdrücken. Knoblauch, Jalapeño, Limettensaft, Tabasco und Worcestersauce einrühren. Mit Salz und Pfeffer abschmecken.

2 Für die Quesadillas 3 Tortillas auf die Arbeitsfläche legen und mit Käse, Chipotles, Chorizo oder Salami, Koriandergrün und Zwiebeln belegen. Jeweils mit einer weiteren Tortilla bedecken.

3 Eine große beschichtete Pfanne mit 1 EL Öl erhitzen und eine Quesadilla auf niedriger bis mittlerer Temperatur 2–3 Minuten braten. Sobald der Käse zu schmelzen beginnt, mit einem Spatel vorsichtig wenden und weitere 2–3 Minuten braten. Im Ofen warm halten, während die restlichen Quesadillas gegart werden. Dann in jeweils 8 Stücke schneiden und mit der Guacamole servieren.

Vorbereitung

Die Guacamole kann am Morgen vor dem Verzehr zubereitet und mit Frischhaltefolie abgedeckt im Kühlschrank aufbewahrt werden. Die Quesadillas können 30 Minuten vorher gebraten und bei 140 °C im Ofen warm gehalten werden.

SCHNELL KOMBINIERT	KLEINES BUFFET
Salat aus Palmherzen und Avocados *(Seite 92)* • Geröstete neue Kartoffeln mit geräuchertem Paprika *(Seite 173)* • Tapas *(Seite 30)*	Chili-Gazpacho *(Seite 36)* • Lachs-Ananas-Spieße *(Seite 110)* • Junge Venusmuscheln *(Seite 136)* • Mini-Crumbles aus Pfirsichen und Himbeeren *(Seite 212)*

ZUTATEN

6 große Weizenmehltortillas

350 g Gruyère, Cheddar oder ein anderer harter, schmelzender Käse, gerieben

2 in Adobo eingelegte Chipotles, von den Samen befreit und gehackt

18 dünne Scheiben Chorizo *(siehe Seite 224)* oder Salami

1 kleines Bund Koriandergrün, gehackt

3 Frühlingszwiebeln, in dünne Ringe geschnitten

3 EL Öl

Guacamole

Fruchtfleisch von 3 großen, reifen Avocados

1 Knoblauchzehe, zerdrückt

1 Jalapeño, sehr fein gehackt

Saft von 2 Limetten

1 TL Tabasco, möglichst aus gegrillten Chipotles

1 EL Worcestersauce

Vorbereitungszeit 30 Minuten

Garzeit 15 Minuten

Ergibt 24 Stück

Bresaola-Birnen-Röllchen

mit Rucola und Parmesan

Bresaola ist italienisches, luftgetrocknetes Rinderfilet, das auf ähnliche Weise wie Prosciutto hergestellt wird. Richtig ländlicher Balsamico-Essig – dick, von sirupartiger Konsistenz und sicher teuer – gehört zu diesem ansonsten schlichten Gericht.

ZUTATEN

1 reife, aber feste Birne, Gehäuse entfernt, halbiert und in dünne Scheiben geschnitten

1 TL Zitronensaft

Jeweils ½ TL Salz und Pfeffer

2 große Hand voll Rucola

20 kleine Scheiben Bresaola oder 10 Scheiben Prosciutto, halbiert

30 g Parmesan, gehobelt

2 EL guter Balsamico-Essig

Vorbereitungszeit 20 Minuten

Ergibt 20 Röllchen

1 Die Birnen in einer mittelgroßen Schüssel mit Zitronensaft, Salz und Pfeffer mischen.

2 Jeweils 1 Stück Birne und ein paar Blätter Rucola auf 1 Scheibe Bresaola legen. Mit etwas Parmesan belegen und mit Balsamico-Essig beträufeln, dann aufrollen. Der Bresaola haftet an sich selbst. Nach Belieben Röllchen noch einmal halbieren. Mit der Naht nach unten auf eine Platte legen.

Vorbereitung

Die Röllchen können 4 Stunden vor dem Verzehr zubereitet werden. Mit Backpapier und Frischhaltefolie abdecken und im Kühlschrank aufbewahren.

SCHNELL KOMBINIERT

Chicoreesalat *(Seite 93)* • Crostini mit frischem Krebsfleisch *(Seite 148)* • Parmesanchips *(Seite 31)*

KLEINES BUFFET

Frittierte Artischocken auf Römische Art *(Seite 12)* • Würzige Ziegenkäsebällchen *(Seite 59)* • Dinkelsalat *(Seite 78)*

Farben

- Ebenholzschwarz
- Reines Weiß
- Beerenrot
- Schokoladenbraun
- Weizenmehlgelb

Für den Tisch

- Bambus-Sets
- Verschiedene Essstäbchen
- Viereckige Teller
- Kleine Dipschalen
- Porzellan mit Craquelée-Glasur

Der Inbegriff von Stil: Japan

Japanisches Essen hebt sich durch seine Schlichtheit und Reinheit von anderen Küchen ab. Genial einfach wird auf frische Zutaten hoher Qualität gesetzt, statt sich von komplizierten Rezepten abhängig zu machen. Ja, es ist eine unglaublich gesunde Art zu essen, aber das ist nur ein Nebeneffekt – eigentlich geht es nämlich um Aromen. Der reine Geschmack dieser Küche nimmt Miso, Sesam und Ingwer auf, während die Sojasauce immer im Zentrum steht und allem ihre charakteristische Salzigkeit und Tiefe verleiht.

Frischer Fisch gehört natürlich zu diesem Menü, denn er ist eine wichtige Säule japanischer Ernährung. Das bedeutet nicht automatisch Sushi, denn auch eingelegt, gegrillt, gebraten und geröstet spielt Fisch eine große Rolle.

Aber auch das Auge isst mit. Als Abendthema Japan zu wählen, bedeutet, den Tisch mit Eleganz und minimalistischer Perfektion zu dekorieren. Denken Sie an dunkle, edle Farben. Teller und Schüsseln haben klare Linien und sind aus glattem Porzellan. Holen Sie Essstäbchen, viereckige Teller und Dipschalen aus dem Schrank und richten Sie die Aufmerksamkeit Ihrer Gäste auf das Eigentliche: das Essen. Beginnen Sie den Abend mit einem edlen Gurken-Martini und lassen Sie ihn mit entspannendem grünem Tee ausklingen.

Aromen

- Frischer Ingwer
- Salzige Sojasauce
- Erfrischende Gurke
- Sesam
- Süßes oder salziges Miso

Knabbereien

- Erdnüsse mit Reisschicht *(Seite 31)*
- Ungeschälte Lychees *(Seite 215)*
- Sushi *(Seite 31)*
- Garnelen-Gurken-Spießchen *(Seite 149)*
- Süßes oder salziges Miso

Buffet

Knusprige Jakobsmuscheln mit Wasabi-Mayonnaise

Glasierte Chicken Wings in Teriyaki-Sauce

Gegrillte Thai-Auberginen mit Miso-Dressing

Gerösteter Butternusskürbis mit Soja-Balsamico-Dressing

Kurz gebratener Thunfisch mit Sesam und süßem Soja-Chili-Dressing

Kokosmakronen mit Schokoladenüberzug

SCHNELL KOMBINIERT

Garnelen-Gurken-Spießchen *(Seite 149)*

Ungeschälte Lychees *(Seite 215)*

Erdnüsse mit Reisschicht *(Seite 31)*

Knusprige Jakobsmuscheln (*Seite 24*)

Glasierte Chicken Wings (*Seite 126*)

Gegrillte Thai-Auberginen (*Seite 170*)

Gerösteter Butternusskürbis (*Seite 163*)

Kurzgebratener Thunfisch (*Seite 138*)

Kokosmakronen (*Seite 210*)

Zwei Tage vorher

- Chicken Wings marinieren
- Kokosmakronen zubereiten

Am Abend vorher

- Miso-Dressing für Thai-Auberginen zubereiten
- Thunfisch anbraten, einwickeln und in den Kühlschrank stellen

Am Morgen

- Jakobsmuscheln mit Brot zubereiten
- Wasabi-Mayonnaise und Ponzu-Dressing fertig stellen
- Butternusskürbis vorgaren und Soja-Dressing anrühren
- Für den Thunfisch Sauce zubereiten und Zwiebeln und Äpfel schneiden
- Garnelen-Spieße aufstecken

Gurken-Martini

Für diesen erfrischenden Cocktail sollten Sie einen Cocktailshaker verwenden – eine wirklich lohnende Investition!

ZUTATEN

20 Scheiben Gurke

1 großes Bund Minze, Stiele entfernt

40 ml Zuckersirup

Eis

40 ml trockener Wermut

280 ml Gin

12 Gurkenwürfel, -stäbe oder -streifen auf Zahnstochern, zum Garnieren

Ergibt 4 Martinis

4 Martini-Gläser in den Kühlschrank legen. Gurke, Minze und Zuckersirup im Shaker vermischen, dann eine Hand voll Eis, den Wermut und den Gin dazugeben. Noch einmal schütteln und in die Gläser sieben. Mit den Gurkenspießchen garnieren.

Ein bis zwei Stunden vorher

- Chicken Wings backen und abgedeckt im Ofen warm halten
- Auberginen rösten und mit Miso-Dressing bedecken
- Thunfisch in Scheiben schneiden und mit Zwiebeln und Äpfeln anrichten, Dressing noch nicht zugeben
- Lychees in eine Schüssel legen

Eine halbe Stunde vorher

- Martini-Zutaten und Gurkenspieße als Garnitur vorbereiten
- Jakobsmuscheln anbraten und im Ofen warm halten
- Auberginen grillen und anrichten
- Auberginen grillen und anrichten
- Garnelenspießchen mit einer Schale süßer Sojasauce bereitstellen

Im letzten Moment

- Jakobsmuscheln mit Saucen anrichten
- Chicken Wings hinstellen
- Dressing über den Thunfisch träufeln
- Butternusskürbis fertig garen, mit Dressing anrichten
- Kokosmakronen auf eine Platte legen

Erbsen-Garnelen-Samosas
mit Mango-Chutney

Amchoor ist getrocknete, zu Pulver geriebene Mango. Es ist im Asia-Laden oder im Internet erhältlich. Ersatzweise können Sie Zitronensaft verwenden.

1 Kartoffel schälen und in Stücke schneiden. In eine kleine Kasserolle mit kochendem, gesalzenen Wasser geben und in 10 Minuten weich kochen. Grob zerstampfen.

2 Währenddessen 2 EL Öl in einer Pfanne erhitzen, Zwiebel, Knoblauch und Ingwer dazugeben und würzen. In etwa 8 Minuten weich dünsten. Garam Masala, Kreuzkümmel und Amchoor einrühren und einige Minuten weiterdünsten. Kartoffeln, Erbsen und Koriandergrün gut untermischen, von der Kochstelle nehmen und in eine kleine Schüssel füllen. Die rohen Garnelen unterheben.

3 Auf jedes Teigblatt 2 EL Füllung setzen, die Kanten mit Eiweiß bestreichen und zusammenklappen. Wenn Sie Frühlingsrollenblätter nehmen, die Füllung in eine Ecke setzen, alle Kanten mit Eiweiß bestreichen und von der Ecke aus einschlagen.

4 Das Öl in einer mittelgroßen Pfanne mit starkem Boden erhitzen, bis ein hineingeworfener Brotwürfel sofort zu brutzeln beginnt. Jeweils 3–4 Samosas gleichzeitig frittieren, bis sie knusprig sind. Auf Küchenpapier entfetten lassen. Mit Koriandergrün garnieren und mit Mango-Chutney servieren.

Vorbereitung

Die Samosas können am Vorabend zubereitet und im Kühlschrank aufbewahrt oder aber in einzelnen Lagen bis zu 1 Monat eingefroren werden. Vor dem Frittieren im Kühlschrank auftauen.

ZUTATEN

1 große Kartoffel von etwa 250 g

2 EL Öl

1 kleine Zwiebel, fein gehackt

1 Knoblauchzehe, gehackt

1 EL frischer Ingwer, gerieben

Jeweils 1½ TL Garam Masala *(siehe Seite 224)*, Kreuzkümmel und Amchoor

150 g frische oder tiefgefrorene Erbsen

1 kleine Hand voll Koriandergrün, gehackt, zusätzlich ein paar Zweige zum Garnieren

8 große rohe Garnelen, grob gehackt

20 Gyoza- oder große Frühlingsrollenblätter

1 Eiweiß, leicht verquirlt

600 ml Öl, zum Frittieren

Fertiges Mango-Chutney, zum Servieren

Vorbereitungszeit 20 Minuten

Garzeit 20 Minuten

Ergibt 30 kleine Samosas

SCHNELL KOMBINIERT

Raita mit Naan-Brot *(Seite 71)* • Kandierte Fenchelsamen *(Seite 215)*

KLEINES BUFFET

Ingwer-Tomaten-Suppe *(Seite 50)* • Tandoori-Hähnchenschenkel *(Seite 130)*

Artischocken im Blätterteig mit Mascarpone und karamellisiertem Knoblauch

Wenn Sie das Backblech vorwärmen, geht der Blätterteig auch am Boden schön auf. Sie können den karamellisierten Knoblauch durch gehackten rohen ersetzen, wenn die Zeit knapp ist.

1 Die Knoblauchknolle in eine kleine Kasserolle legen, mit Wasser bedecken und 3 Minuten kochen. Abgießen, schälen und jede Zehe in 3 Stücke schneiden.

2 In einer anderen Kasserolle das Olivenöl bei niedriger Temperatur erwärmen und den Knoblauch darin leicht anbräunen. Öl abgießen, Essig, Rosmarin, Salz, Pfeffer und Zucker einrühren und 3 Minuten köcheln lassen, bis die Flüssigkeit sich zu Sirup reduziert hat. Auf einen Teller gießen und abkühlen lassen.

3 Den Ofen auf 200°C vorheizen und ein großes Backblech hineinstellen. In einer Schüssel Mascarpone, Parmesan, Prosciutto, Zitrone, Basilikum und karamellisierten Knoblauch vermischen.

4 Den Teig 1 cm dick ausrollen und in 20 Quadrate à 7,5 cm schneiden. Jeweils 1 großen EL Füllung auf eine Seite der Quadrate setzen und mit einer halben Artischocke belegen. Kanten befeuchten. Teig über die Füllung falten und mit einer Gabel die Kanten gut festdrücken.

5 Auf das heiße Blech legen und 15 Minuten goldbraun backen. Sofort servieren.

Vorbereitung
Die Teigtaschen können am Vorabend zubereitet und in Backpapier und Frischhaltefolie eingewickelt im Kühlschrank aufbewahrt werden.

ZUTATEN

1 kleine Knoblauchknolle, nicht geschält

3 EL Olivenöl

2 EL Weißweinessig

1 TL Rosmarin, fein gehackt

Jeweils 1 Prise Salz, Pfeffer und Zucker

100 g Mascarpone

5 EL geriebener Parmesan

4 Scheiben Prosciutto, grob gehackt

Saft von ½ Zitrone

1 kleine Hand voll Basilikum, gehackt

750 g fertiger Blätterteig

150 g eingelegte Artischocken, abgetropft und halbiert

Vorbereitungszeit 40 Minuten

Garzeit 15 Minuten

Ergibt 20 Stück

SCHNELL KOMBINIERT

Radieschen mit Tapenade *(Seite 173)* • Gorgonzola-Crostini *(Seite 31)* • After-Eight-Eissandwiches *(Seite 215)*

KLEINES BUFFET

Geröstete Garnelen und Tomaten *(Seite 145)* • Salat aus dreierlei Tomaten *(Seite 86)* • Rote-Beete-Suppe mit Orangen *(Seite 40)*

Bei der Auswahl von Puddings, Kuchen oder Keksen, sollten Sie alle Gedanken an Kalorien und Diäten beiseite lassen. Gönnen Sie sich doch ruhig einmal etwas Süßes! Geben Sie sich extravagant mit reichhaltigen Cremes, dekadenter Schokolade, zuckrigen Glasuren und glänzenden, reifen Früchten.

Süßes

Schokoladenpudding mit Frangelico
und Haselnüssen

Frangelico ist ein italienischer Haselnusslikör, der dieses üppige Dessert sehr gut ergänzt. Experimentieren Sie auch mit süßen Weinen, aber halten Sie die Portionen klein – es ist ein sehr intensives Vergnügen!

1 In einer großen Metall- oder Glasschüssel Eigelbe und Zucker mit dem Schneebesen sehr schaumig schlagen. Im Wasserbad (das Wasser sollte köcheln, nicht kochen) bei niedriger Temperatur etwa 5 Minuten weiterschlagen, bis die Masse dickflüssig ist. Vanille, Kakao, Mascarpone und Frangelico einrühren. Weitere 2 Minuten schlagen, bis die Konsistenz wieder dickflüssig ist. Von der Kochstelle nehmen.

2 Masse in kleine Tee- oder große Espressotassen gießen und 4 Stunden im Kühlschrank setzen lassen. Mit etwas geschlagener Sahne und gehackten Nüssen garniert servieren.

Vorbereitung
Der Pudding kann am Vorabend zubereitet und im Kühlschrank aufbewahrt werden.

ZUTATEN

4 Eigelb

100 g Zucker

½ TL Vanille-Extrakt oder Mark 1 Vanilleschote

4 EL gutes Kakaopulver

250 g Mascarpone

60 ml Frangelico oder süßer Wein

175 g Sahne, geschlagen

45 g Haselnüsse, geröstet und gehackt

Vorbereitungszeit 30 Minuten, zusätzlich 4 Stunden im Kühlschrank

Ergibt 8 kleine Tassen

SCHNELL KOMBINIERT

Selleriesalat *(Seite 92)* • Joghurt-Dill-Dip *(Seite 71)* • Gewürzgarnelen *(Seite 148)*

KLEINES BUFFET

Junge Rote Beete und Bresaola *(Seite 168)* • Garnelen und Tomaten *(Seite 145)* • Pilz-Maronen-Suppe *(Seite 38)*

Mini-Schokoladenkuchen
mit Buttercremeüberzug

Diese Mini-Kuchen verdienen einen ordentlichen Überzug. Die Verzierung muss keineswegs gesetzt und erwachsen sein – punkten Sie durch Verspieltheit!

1 Den Ofen auf 180 °C vorheizen. Ein 5 cm tiefes Muffinblech mit Papierförmchen füllen und zur Seite stellen. In einer Schüssel Mehl und Natron vermischen. Die Schokolade in einer anderen Schüssel im Wasserbad schmelzen und glatt rühren.

2 In der Küchenmaschine oder mit dem Handrührgerät Butter und beide Zuckersorten cremig schlagen. Nach und nach die Eier, dann die Schokolade einrühren. Schmand oder Crème fraîche, Vanille und Mehlmischung dazugeben und glatt rühren. Die Förmchen zu drei Vierteln mit dem Teig füllen und 20 Minuten backen. Im Blech abkühlen lassen, dann auf ein Gitter stellen.

3 Währenddessen für den Überzug die Butter in der Küchenmaschine oder dem Mixer glatt rühren, dann den Puderzucker dazugeben. Milch, Lebensmittelfarbe und Vanillemark einrühren. Bei Bedarf mehr Milch nehmen, damit die Masse dick, aber cremig wird. Großzügig auf die Kuchen streichen, mit Blütenblättern garnieren und servieren.

Vorbereitung
Die Mini-Kuchen können am Vortag gebacken und in einem luftdichten Behälter aufbewahrt werden. Bestreichen Sie sie erst am Tag des Verzehrs mit der Buttercreme.

ZUTATEN

10 Papierförmchen für Muffins

125 g Mehl

1 TL Natron

100 g Blockschokolade, in Stücke gebrochen

125 g weiche Butter

100 g Zucker

100 g brauner Rohrzucker

2 große Eier

60 g Schmand oder Crème fraîche

1 TL Vanille-Extrakt oder 1 Päckchen Bourbon-Vanille-Zucker

Rosenblütenblätter, zum Verzieren

Überzug

125 g Butter

350 g Puderzucker

2 EL Vollmilch

½ TL rosa Lebensmittelfarbe

1 TL Vanille-Extrakt oder Mark 1 Vanilleschote

Zubereitungszeit 20 Minuten

Backzeit 20 Minuten

Ergibt 10 Stück

SCHNELL KOMBINIERT

Feta-Dip *(Seite 70)* • Wassermelonen-Salat mit Feta *(Seite 93)* • Thunfischtartar auf Gurkenscheiben *(Seite 148)*

KLEINES BUFFET

Kurz gebratenes Rinder-Carpaccio *(Seite 128)* • Kichererbsen-Chili-Dip *(Seite 68)* • Schwertfisch-Zitrus-Spieße *(Seite 96)*

Verschneite Schokoladenkekse

mit Walnüssen

Diese saftigen, reichhaltigen Schokoladenkekse werden vor dem Backen in Puderzucker gewälzt. Dadurch wirken sie sehr winterlich – und die Risse vom Backen zeigen eine gewisse Dramatik.

1 Schokolade und Butter in einer Schüssel im Wasserbad schmelzen und glatt rühren. Von der Kochstelle nehmen und etwas abkühlen lassen.

2 In einer Schüssel mittlerer Größe Mehl, Backpulver und Salz vermischen. In einer großen Schüssel Eier, Zucker und Vanillezucker etwa 2 Minuten schlagen, bis die Mischung weißlich ist. Deutlich langsamer die geschmolzene Schokolade einrühren, dann die Mehlmischung zugeben. Walnüsse unterheben. Schüssel abdecken und mindestens 1½ Stunden in den Kühlschrank stellen.

3 Den Ofen auf 160 °C vorheizen. Ein großes oder zwei kleine Backbleche mit Backpapier auslegen. Puderzucker in eine Schüssel geben. Teig zu 3–4 cm großen Bällchen formen und im Puderzucker rollen. Auf das Backblech legen und mit der Hand leicht flach drücken. 12–15 Minuten backen, bis die Kanten fest sind, das Innere aber noch weich. Auf dem Blech 5 Minuten abkühlen lassen, dann zum vollständigen Auskühlen auf einen Gitterrost legen.

Vorbereitung

Der Teig kann bis zu 2 Tage vorher zubereitet und abgedeckt im Kühlschrank aufbewahrt werden. Oder Sie backen die Kekse bis zu 5 Tage vorher und bewahren sie in einem luftdichten Behälter auf.

ZUTATEN

175 g Vollmilch-Blockschokolade, gehackt

60 g Butter

175 g Mehl

½ TL Backpulver

1 Prise Salz

2 große Eier, mit Zimmertemperatur

150 g Zucker

1 Päckchen Bourbon-Vanille-Zucker

125 g Walnüsse, grob gehackt

60 g Puderzucker

Vorbereitungszeit 20 Minuten, zusätzlich mindestens 1½ Stunden im Kühlschrank

Backzeit 15 Minuten

Ergibt 20–25 Kekse

SCHNELL KOMBINIERT

Parmesanchips *(Seite 31)* • Gorgonzola-Crostini *(Seite 31)* • Feta-Dip *(Seite 70)*

KLEINES BUFFET

Sizilianische Artischockenböden *(Seite 154)* • Dicke Auberginenstangen *(Seite 23)* • Junge Venusmuscheln *(Seite 136)*

Passionsfrucht-Trifle
mit Erdbeeren und Mascarpone

In Trifles kann auf einfache Weise buntes Obst der Saison zu einem köstlichen Dessert verarbeitet werden. Sie können natürlich Passionsfrucht und Erdbeeren durch andere Obstsorten in gleicher Menge ersetzen.

1 In einer Schüssel Mascarpone, Eigelbe, Vanille und Zucker glatt rühren. In einer anderen Schüssel die Sahne schlagen, bis sie dick, aber noch nicht ganz steif ist. Mascarponemischung unter die Sahne heben und zur Seite stellen.

2 Die Passionsfrüchte halbieren und das Fruchtfleisch in eine kleine Schüssel löffeln. Die Kruste der Brioches entfernen und Brioches oder Biskuit in kleinere Stücke zupfen.

3 Schichtweise Brioche, Passionsfrucht, Erdbeeren und etwas Marsala in 8 Gläser füllen. Mit einem Klacks Mascarpone abschließen und das restliche Obst darauflegen. Bis zum Servieren kühl stellen.

Vorbereitung
Das Trifle kann am Vorabend zubereitet und im Kühlschrank aufbewahrt werden.

ZUTATEN

250 g Mascarpone

2 Eigelb

1 TL Vanille-Extrakt oder Mark 1 Vanilleschote

60 g Zucker

280 g Sahne

8 Passionsfrüchte

150 g Brioches oder Biskuit

250 g Erdbeeren, Blätter und Stielansatz entfernt und in Scheiben geschnitten

125 ml Marsala oder anderer Likör

Vorbereitungszeit 20 Minuten

Ergibt 8 kleine Portionen

SCHNELL KOMBINIERT

Gebratene Chorizo *(Seite 149)* • Tomaten-Feta-Spießchen *(Seite 31)* • Gerösteter Knoblauch mit warmem Brot *(Seite 71)*

KLEINES BUFFET

Bagna cauda *(Seite 54)* • Griechische Zucchini-Frikadellen *(Seite 28)* • Kurz gebratenes Rindercarpaccio *(Seite 128)*

Erdbeeren und Feigen
in Schokolade und Nüsse gedippt

Blockschokolade mit geringem Kakaobuttergehalt ist nicht teuer und wird beim Schmelzen nicht körnig. Versuchen Sie es auch einmal mit weißer Schokolade oder einer Mischung aus hell und dunkel.

1 Die Schokolade in Stücke brechen und in einer Schüssel im Wasserbad schmelzen. Glatt rühren. Sie können sie auch 2 Minuten in einer Glasschüssel in der Mikrowelle schmelzen.

2 Einen großen Teller mit Frischhaltefolie abdecken. Die Früchte bis zur Hälfte in die Schokolade, dann in die gehackten Nüsse tunken. Auf den Teller legen und bis zum Servieren in den Kühlschrank stellen.

Vorbereitung

Die Früchte können am Morgen zubereitet und in Backpapier und Frischhaltefolie eingewickelt im Kühlschrank aufbewahrt werden.

ZUTATEN

200g Vollmilch-Blockschokolade

250g mittelgroße Erdbeeren, Blätter und Stielansätze nicht entfernt

2 Feigen, geviertelt

100g Pistazien oder geröstete Haselnüsse, fein gehackt

Vorbereitungszeit 10 Minuten

Ergibt 2 Portionen

SCHNELL KOMBINIERT

Parmesanchips *(Seite 31)* • Hummus mit geräuchertem Paprika *(Seite 70)* • Chicoreesalat *(Seite 93)*

KLEINES BUFFET

Halloumi-Brot-Spieße *(Seite 106)* • Dicke Auberginenstangen *(Seite 23)* • Bresaola-Birnen-Röllchen *(Seite 188)*

Himbeermeringuen
mit Locken aus weißer Schokolade

Die goldene Regel für perfekte Meringuen: Benutzen Sie eine saubere, fettfreie Schüssel für maximales Volumen und schlagen Sie das zimmerwarme Eiweiß, bis es steif und glänzend ist.

1 Den Ofen auf 180 °C vorheizen. Backblech mit Backpapier auslegen. Eiweiße mit dem Salz in einer fettfreien Rührschüssel mit einem runden Schneebesen steif schlagen. Löffelweise den Zucker einrühren. Die Masse sollte jetzt glänzend und sehr steif sein. Essig und Maismehl unterrühren.

2 Die weiße Schokolade in einer Glasschüssel im Wasserbad unter Rühren schmelzen.

3 Auf das Blech 8 große Meringuen setzen. Jeweils etwa 4 Himbeeren und einen guten TL weiße Schokolade in die Meringuen ziehen, ohne sie dabei flach zu drücken. Die Schokolade sollte möglichst weit innen sein, weil sie am Rand zu leicht braun wird.

4 5 Minuten backen, dann die Temperatur auf 140 °C herunterschalten und weitere 45 Minuten backen. Auf Zimmertemperatur abkühlen lassen, dann auf einen Gitterrost legen. Mit jeweils 1 EL Sahne, den restlichen Himbeeren und einigen Pistazien garnieren.

Vorbereitung
Die Meringuen können am Vorabend zubereitet und, mit Backpapier zwischen den einzelnen Lagen, in einem luftdichten Behälter aufbewahrt werden. Eine halbe Stunde vor dem Servieren garnieren.

Variationen
Versuchen Sie es statt mit Schokolade einmal mit Mandelblättchen, Bananen mit Karamellsauce oder Kokosnuss mit Mango und Heidelbeeren.

ZUTATEN

5 Eiweiß von Eiern aus Bio-Haltung

1 Prise Salz

275 g Zucker

1 TL Essig

2 TL Maismehl

75 g weiße Blockschokolade, in Stücke gebrochen

150 g Himbeeren

250 g Sahne, geschlagen

10 g Pistazien, gehackt

Zubereitungszeit 20 Minuten

Backzeit 50 Minuten

Ergibt 8 große oder 16 kleine Meringuen

SCHNELL KOMBINIERT

Salat aus Feigen, Prosciutto und Mozzarella *(Seite 92)* • Antipasti *(Seite 30)* • Gewürzgarnelen *(Seite 148)*

KLEINES BUFFET

Lamm-Spieße mit Kreuzkümmel *(Seite 112)* • Rote-Beete-Suppe mit Orangen *(Seite 40)* • Würzige Ziegenkäsebällchen *(Seite 59)*

Kokosmakronen
mit Schokoladenüberzug

Dieses köstliche Konfekt passt sehr gut zu mediterranen oder asiatischen Menüs und schmeckt auch ohne Schokolade.

1 Den Ofen auf 150 °C vorheizen. Ein großes Backblech mit Backpapier auslegen. Die Eiweiße schlagen, bis sie fest sind und weiche Spitzen bilden. Nach und nach den Zucker und die Vanille einrühren. Kokosraspel, Mandeln und Mehl unterheben.

2 Kleine Häufchen von 1½ EL Masse auf das Blech setzen und 15 Minuten goldbraun backen. Aus dem Ofen nehmen, 5 Minuten abkühlen lassen und mit einem Palettenmesser vorsichtig auf einen Gitterrost legen.

3 Die Schokolade in einer Glasschüssel im Wasserbad oder der Mikrowelle schmelzen, mit einem Spatel glatt rühren. Mit einem Palettenmesser den Boden jeder Makrone mit Schokolade bestreichen. Umgedreht auf ein Blech mit Backpapier legen und im Kühlschrank fest werden lassen.

Vorbereitung

Die Makronen können bis zu 3 Tage vorher zubereitet und an einem kühlen Ort im luftdichten Behälter aufbewahrt werden.

ZUTATEN

4 Eiweiß von großen Eiern

225 g Zucker

1 TL Vanille-Extrakt oder 1 Päckchen Bourbon-Vanille-Zucker

125 g Kokosraspel

75 g geriebene Mandeln

2 EL extrafeines Mehl

200 g Vollmilch- oder Zartbitter-Blockschokolade, gehackt

Vorbereitungszeit 15 Minuten

Backzeit 15 Minuten

Ergibt 30 kleine Makronen

SCHNELL KOMBINIERT

Thunfischtartar auf Gurkenscheiben *(Seite 148)* • Würziger Erdnussdip *(Seite 71)* • Asiatischer Gurkensalat *(Seite 93)*

KLEINES BUFFET

Knusprige Jakobsmuscheln *(Seite 24)* • Gerösteter Butternusskürbis *(Seite 163)* • Schweinefleisch-Satays *(Seite 109)*

Pochierte Kardamom-Aprikosen
mit Mascarpone und Pistazien

Nehmen Sie kleine weiche Aprikosen, die Sie im türkischen Feinkostladen meist sogar lose bekommen.

1 Wasser, Zucker, Zitronensaft und Kardamomsamen in einer mittelgroßen Kasserolle bei mittlerer Temperatur aufkochen, Temperatur verringern und 1 Minute köcheln lassen. Aprikosen hinzufügen und erneut zum Kochen bringen. Temperatur wieder reduzieren und etwa 15 Minuten köcheln lassen, bis die Aprikosen weich und aufgegangen sind. Von der Kochstelle nehmen. Die Aprikosen mit einem Schaumlöffel herausnehmen und abkühlen lassen.

2 Vorsichtig die Aprikosen mit einem kleinen Messer aufschlitzen und mit etwas Mascarpone füllen. So in die Pistazien tunken, dass diese am Mascarpone haften. In einer Lage auf einer Platte ausbreiten und 1 Stunde in den Kühlschrank stellen, damit der Mascarpone sich setzen kann. Gekühlt servieren.

Vorbereitung

Die Aprikosen können am Vortag zubereitet werden. Mit Backpapier zwischen den Lagen in einem luftdichten Behälter aufbewahren.

ZUTATEN

300 ml Wasser

150 g Zucker

2 TL Zitronensaft

Samen von 6 zerstoßenen Kardamomkapseln

200 g getrocknete Aprikosen

125 g Mascarpone

90 g ungesalzene Pistazien, fein gehackt

Vorbereitungszeit 15 Minuten, zusätzlich 1 Stunde im Kühlschrank

Garzeit 16 Minuten

Ergibt 20–30 Stück

SCHNELL KOMBINIERT

Radieschen mit Tapenade *(Seite 173)* • Piquillo-Schoten mit Sherry-Essig *(Seite 172)* • Marinierte Oliven *(Seite 30)*

KLEINES BUFFET

Gelbe Linsensuppe *(Seite 44)* • Spinat-Joghurt-Dip *(Seite 66)* • Salat aus gebratenem Halloumi *(Seite 82)*

Mini-Crumbles aus Pfirsichen und Himbeeren mit Walnuss-Streuseln

Wählen Sie die am stärksten duftenden, saftigsten Pfirsiche, die Sie finden können, oder versuchen Sie es auch einmal mit anderen Kombinationen wie Erdbeeren mit Rhabarber oder Nektarinen mit Heidelbeeren in derselben Menge.

1 Den Ofen auf 190 °C vorheizen. Die Haut der Pfirsiche kreuzweise einschneiden, in eine Schüssel legen und mit kochendem Wasser übergießen. Nach 2 Minuten abgießen und Haut abziehen. In 5 cm große Stücke schneiden.

2 In einer großen Schüssel Pfirsiche und Himbeeren mit Zucker und 60 g des Mehls so vermischen, dass die Früchte ganz bedeckt sind. 8 kleine Auflaufformen oder ofenfeste Teetassen buttern und die Fruchtmischung darauf verteilen.

3 In einer mittelgroßen Schüssel das restliche Mehl mit braunem Zucker, Salz, Walnüssen und Zitronenschale vermischen. Vanille und zerlassene Butter dazugeben und zu Streuseln verarbeiten. Mit den Fingern über das Obst krümeln. 35–45 Minuten backen, bis die Streusel goldbraun und die Früchte gar sind. Warm servieren.

Vorbereitung

Die Crumbles können bis zu 8 Stunden im Voraus gebacken und abgedeckt bei Zimmertemperatur aufbewahrt werden. Vor dem Servieren bei 190 °C im vorgeheizten Ofen aufwärmen.

ZUTATEN

6 Pfirsiche

400 g Himbeeren

30 g Zucker

175 g Mehl

125 g Butter, zerlassen, zusätzlich etwas zum Einfetten

6 EL brauner Rohrzucker

½ TL Salz

60 g Walnüsse, gehackt

1 TL fein geriebene Schale einer unbehandelten Zitrone

1 TL Vanille-Extrakt oder 1 Päckchen Bourbon-Vanille-Zucker

Vorbereitungszeit 20 Minuten

Backzeit 45 Minuten

Ergibt 8 Portionen

SCHNELL KOMBINIERT

Melone im Prosciutto-Mantel *(Seite 31)* • Ungeschälte Pistazien *(Seite 31)* • Weißer Bohnen-Dip *(Seite 71)*

KLEINES BUFFET

Salat aus dreierlei Tomaten *(Seite 86)* • Bresaola-Birnen-Röllchen *(Seite 188)* • Sellerie-Fenchel-Cremesuppe *(Seite 34)*

Schnelle Desserts

Einfacher geht's nicht

Meist gibt es Süßes am Ende des Abends. Schon allein deshalb ist es sinnvoll, einige einfache Dessertrezepte im Repertoire zu haben. Wenn der Abend in vollem Schwunge ist, müssen die Gerichte schnell und einfach anzurichten sein. Wählen Sie ein oder zwei der folgenden Desserts passend zum Thema des Abends aus.

Orientalische Süßigkeiten

Besorgen Sie verschiedene orientalische Süßigkeiten und Gebäck wie z. B. türkisches Baklava im Supermarkt oder Spezialitätengeschäft. Auf kleinen Tellern anrichten, eventuell in mundgerechte Stücke schneiden.

Vanilleeis mit süßem Sherry und Pfeffer

Große Kugeln gutes Vanilleeis in Tassen oder Gläser geben. 1 EL süßen Sherry, z. B. Pedro Ximenez, darüberträufeln und schwarzen Pfeffer aus der Mühle darübermahlen. Mit Teelöffeln servieren.

Brownies mit Himbeeren oder Schokoladensauce und Nüssen

Gekaufte Brownies oder anderen Schokoladenkuchen in 2,5 cm große Würfel schneiden, mit etwas gesiebtem Kakakopulver bestäuben und mit einer Himbeere belegen. Sie können die Würfel auch in kleinen Schalen mit fertiger Schokoladensauce und ein paar gehackten Walnüssen servieren.

Orangen mit Rosenwasser und Granatapfelkernen

3 Orangen schälen, die einzelnen Segmente in eine flache Schale legen. 1 kleine Hand voll Granatapfelkerne darüberstreuen und mit 1 EL Rosenwasser beträufeln. Mit Natur- oder griechischem Joghurt servieren.

Karamellisierte Ananas vom Grill

1 kleine Ananas in dicke Scheiben schneiden und in eine Schüssel legen. 3 EL braunen Rohrzucker, 1 gemahlenen Sternanis und 1 EL Butter dazugeben und gut vermischen, damit die Ananas ganz bedeckt ist. Etwa 3 Minuten unter dem Grill auf jeder Seite goldbraun backen. In kleinen Schalen mit einer Kugel gutem Vanilleeis servieren.

Getoastetes Brioche mit Lemon Curd

Lemon Curd, Nussnougatcreme und Karamellsauce, z. B. Dulce de leche, besorgen. Einen Laib Brioche in Scheiben schneiden, toasten und in 5 cm große Würfel schneiden. Aufstrich in Schalen füllen und mit dem Toast anrichten, damit sich jeder Gast selbst bedienen kann. Warm oder mit Zimmertemperatur servieren.

Obstfool oder Mangofool

250g gemischtes Obst, z. B. Himbeeren, Erdbeeren, Heidelbeeren, oder Mangos pur in der Küchenmaschine oder im Mixer pürieren. In einer Schüssel vorsichtig mit 250g geschlagener Sahne vermischen. In kleinen Gläsern mit ganzen Beeren und kleinen Keksen servieren.

Biscotti, Mascarpone und Dessertwein

Kaufen Sie im Supermarkt oder Delikatessengeschäft italienische Biscotti oder bunt eingepackte Amaretto-Kekse. Auf einer Platte mit einem Löffel Mascarpone und einem Glas Dessertwein, z. B. Vin Santo, zum Dippen servieren.

After-Eight-Eissandwiches

2 EL Pfefferminzeis auf einen dünnen Schokoladenkeks streichen und mit einem zweiten Keks belegen. Vor dem Servieren noch einmal einfrieren, damit die Sandwiches leichter zu essen sind. Experimentieren Sie auch mit anderen Eis- und Kekssorten.

Ungeschälte Lychees und frisches Obst

Kaufen Sie verschiedenes sehr frisches Obst, z. B. Kiwi, Mango, Ananas, Papaya oder Wassermelone. In dicke Scheiben oder mundgerechte Stücke schneiden. Sie können auch frische Lychees besorgen und ungeschält in kleinen Schüsseln servieren.

Exotischer Obstsalat

Exotischer Obstsalat

Verschiedenes exotisches Obst, z. B. Mango, Melone, Ananas und Papaya, in 5cm große Stücke schneiden. Es sollten ungefähr 5 große Hand voll werden. In einer Schüssel mit 2 EL gerösteten Kokosraspeln und dem Saft einer Limette vermischen. In kleinen Schalen servieren.

Kandierte Fenchelsamen

Packungen mit indischen kandierten Fenchelsamen gibt es im Asia-Laden oder im Internet *(Seite 224)* zu kaufen. In kleinen Schalen servieren.

Nützliche Rezepte

Saucen, Salsas, Chutneys und Chips

Dill-Joghurt-Sauce

400 g griechischer oder anderer cremiger Vollmilchjoghurt

2 EL frischer Dill

Jeweils ½ TL Salz und Pfeffer

Joghurt glatt rühren und mit Dill, Salz und Pfeffer vermischen.

Möhren-Escabeche mit Jalapeños

300 ml Apfelessig

75 ml Wasser

2 EL Öl

1 EL Salz

1 EL Zucker

1 TL getrockneter Oregano

3 mittelgroße Möhren, geschält und fein gewürfelt

1 Jalapeño oder andere kleine grüne Chili, in dicke Ringe geschnitten

1 kleine gelbe Zwiebel, fein gewürfelt

2 Knoblauchzehen, halbiert

In einer kleinen Kasserolle, Essig, Wasser, Öl, Salz, Zucker und Oregano aufkochen. Die übrigen Zutaten in einen verschließbaren Behälter geben und die Flüssigkeit darübergießen. Abkühlen lassen, Deckel auflegen und bis zu 2 Wochen im Kühlschrank aufbewahren.

Frische Minz-Petersilien-Sauce

2 große Hand voll frische Minzeblätter, fein gehackt

2 EL glatte Petersilie, fein gehackt

1 TL Kapern, fein gehackt

1 Anchovis, fein gehackt

1 EL Zucker

3 EL Rotweinessig

4 EL bestes Olivenöl

Alle Zutaten in einer kleinen Schüssel gründlich vermischen.

Limetten-Chili-Dressing oder Dipsauce

3 EL Palmzucker *(siehe Seite 224)* oder brauner Rohrzucker

½ mittelgroße rote Chili, von den Samen befreit und fein gehackt

2 Knoblauchzehen, fein gehackt

1 EL Ingwer, geschält und fein gehackt

125 ml Limettensaft

2 EL Fischsauce

Im Mörser Zucker, Chili, Knoblauch und Ingwer zu einer Paste zerreiben. Limettensaft und Fischsauce einrühren. Sie können die Zutaten auch in einem kleinen Glas mit Deckel vermischen und schütteln, bis sich der Zucker aufgelöst hat.

Mango-Chutney

125 ml Weißweinessig

90 g Zucker

500 g Fruchtfleisch einer reifen, aber festen Mango, in Stücke geschnitten

½ TL Fenchelsamen, zerstoßen

½ TL Curry, gemahlen

2 Kardamomkapseln

¼ TL Kreuzkümmel

¼ TL Schwarzkümmel *(s. S. 223)*

½ TL Salz

½ TL ganze schwarze Pfefferkörner

Essig und Zucker erwärmen und mit einem Holzlöffel rühren, bis sich der Zucker aufgelöst hat. Die restlichen Zutaten hinzufügen und etwa 30 Minuten köcheln lassen, bis das Chutney dickflüssig ist. Kardamomkapseln entfernen

Mango-Minz-Dip

1 große Mango, geschält und in Stücke geschnitten

Saft von 2 Limetten

1 daumengroße rote Chili, von den Samen befreit und fein gewürfelt

1 kleine Hand voll Minzeblätter

1 kleine Hand voll Koriandergrün

1 TL Fischsauce

2 EL Joghurt

Alle Zutaten in der Küchenmaschine glatt rühren.

Pitta-Chips

6 weiße Pittabrote

4 EL Olivenöl

1½ TL Salz

1 TL schwarzer Pfeffer

Ofen auf 180 °C vorheizen. Mit der Schere die Kanten der Brote aufschneiden, dann große Dreiecke zuschneiden. Auf ein großes Röstblech legen und mit Öl bestreichen, wenden, damit sie gleichmäßig bedeckt sind. Mit Salz und Pfeffer würzen und 8–10 Minuten knusprig und goldbraun backen. Abkühlen lassen. Die Pittabrote können bis zu 3 Tage in einem luftdichten Behälter aufbewahrt werden.

Granatapfeldip

60 ml Granatapfelsirup *(siehe Seite 224))*

2 Knoblauchzehen, zerdrückt

¼ TL gemahlener Zimt, gemahlener

½ TL Salz

3 EL bestes Olivenöl

1 TL Zucker

Alle Zutaten in einer kleinen Schüssel gut vermischen.

Ponzu-Dipsauce

250 ml Sojasauce

Mango-Chutney

4 EL Zucker

Saft von ½ Limette

Saft von ½ Zitrone

1 Frühlingszwiebel, gehackt

In einer mittelgroßen Kasserolle Sojasauce und Zucker erwärmen, bis sich der Zucker aufgelöst hat. Limetten- und Zitronensaft einrühren. Auf Zimmertemperatur abkühlen lassen, dann Frühlingszwiebel unterrühren.

Safran-Zitronen-Aioli

½ Knoblauchzehe

½ TL Salz

½ TL Safranfäden, zerstoßen

1 Eigelb

90 ml bestes Olivenöl

90 ml Öl

Saft von ½ Zitrone

Knoblauch, Salz und Safranfäden im Mörser oder in der Küchenmaschine zu einer Paste zerreiben und das Eigelb dazugeben. Nach und nach beide Öle, dann den Zitronensaft einrühren. Die Masse sollte dickflüssig und gut gebunden sein. Mit Frischhaltefolie abdecken und bis zum Verzehr im Kühlschrank aufbewahren.

Gurken-Erdnuss-Dip

150 ml Reis-Essig

90 g Zucker

½ TL Salz

1 kleine Gurke, von den Kernen befreit und fein gewürfelt

2 Schalotten, in feine Ringe geschnitten

1 daumengroße rote Chili, fein gehackt

1 Knoblauchzehe, gehackt

3 EL geröstete Erdnüsse, fein zerstoßen

2 TL Koriandergrün, gehackt

Essig, Zucker und Salz in einer mittelgroßen Kasserolle erhitzen, bis sich der Zucker aufgelöst hat. Etwa 6-7 Minuten köcheln lassen. Der Dip sollte eine sirupartige Konsistenz annehmen. Abkühlen lassen, dann die übrigen Zutaten gründlich untermischen.

Süße Chili-Koriander-Sauce

250 ml Reis-Essig

175 g Zucker

1 TL Salz

3 Knoblauchzehen, fein gehackt

3 daumengroße frische rote Chilis, von den Samen befreit und fein gehackt

3 EL Koriandergrün, fein gehackt

Essig und Zucker in einer mittelgroßen Kasserolle aufkochen und 3 Minuten köcheln lassen, bis Sirup entsteht. In eine Schüssel gießen und abkühlen lassen. Dann die übrigen Zutaten gründlich untermischen.

Würzige Erdnuss-Sauce

1 TL Öl

1 Knoblauchzehe, gehackt

1 TL zerstoßene rote Chili oder Chili-Bohnen-Paste

60 ml Hoisin-Sauce *(s.S. 223)*

2 EL cremige Erdnussbutter

1 TL Tomatenmark

1 TL Zucker

75 ml Kokosmilch, nach Bedarf mehr

Öl in einer mittelgroßen Kasserolle erhitzen und Knoblauch und Chili 5 Sekunden darin anbraten, dann die restlichen Zutaten hinzufügen und glatt rühren. Mehr Kokosmilch zugeben, wenn die Sauce zu dick ist.

Süße Soja-Chili-Dipsauce

3 EL Kecap manis *(siehe Seite 224)* oder 3 EL Sojasauce vermischt mit 1 EL braunem Rohrzucker

1 daumengroße rote Chili, von Samen und Stielansatz befreit

2 Knoblauchzehen

2,5 cm Ingwer, geschält und grob gehackt

Saft von 2 Limetten

2 EL Zucker

Alle Zutaten in der Küchenmaschine einigermaßen glatt pürieren. Sie können die Sauce auch mit der Hand zu Püree verarbeiten.

Süßes Tomatenrelish

2 EL Olivenöl

2 Knoblauchzehen, fein gehackt

2 EL Ingwer, fein gehackt

125 ml Apfelessig

1 Zimtstange

700 g geschälte Tomaten, gehackt oder püriert

4 EL brauner Rohrzucker

1 TL Kreuzkümmel, gemahlen

¼ TL Cayenne-Pfeffer

1 Prise Nelkenpulver

Knoblauch und Ingwer in einer großen Kasserolle mit dem Öl goldgelb dünsten, dann den Essig dazugießen. 1–2 Minuten köcheln lassen. Die übrigen Zutaten einrühren und Deckel oder Spritzschutz auflegen. 30 Minuten kochen, bis das

Relish dickflüssig ist. Vor dem Servieren abkühlen lassen.

Tamarinden-Ingwer-Dipsauce

2 EL getrocknetes Tamarindenmark oder 150 g Tamarindenpüree aus der Flasche *(siehe Seite 224)*

125 ml heißes Wasser

2 EL brauner Rohrzucker

½ TL Kreuzkümmel, gemahlen

½ TL Fenchelsamen, gemahlen

½ TL Ingwer, fein gerieben

1 TL Zitronensaft zum Abschmecken

½ TL Salz

Tamarindenmark in einer Schüssel (nicht aus Metall) mit heißem Wasser einweichen lassen, bis das Wasser abgekühlt ist. Gut mit dem Wasser verrühren, bis das Mark sich einigermaßen aufgelöst hat. Durch ein Sieb passieren, dabei Fasern und Samen entfernen. Nach Bedarf noch etwas Wasser zugeben. Püree aus der Flasche mit 3 EL Wasser vermischen. Die übrigen Zutaten gründlich unterrühren.

Wasabi-Mayonnaise

2 EL fertige Wasabipaste *(siehe Seite 224)*

Wasabi-Mayonnaise

1 großes Ei, zimmerwarm

1 EL Reis-Essig

1 ½ EL Sojasauce

½ TL weißer Pfeffer

250 ml Erdnussöl

Alle Zutaten außer dem Öl schnell in der Küchenmaschine vermischen. Nach und nach unter Rühren das Öl einlaufen lassen, bis die Mayonnaise sämig gebunden ist. In eine Schüssel füllen, abdecken und in den Kühlschrank stellen. Wenn die Zeit knapp ist, einfach Wasabipaste, Reis-Essig und Sojasauce unter 250 g gute Mayonnaise rühren.

Register

Warenkunde

Asafötida Gewürz aus der indischen Küche, interessante Alternative zu Zwiebel und Knoblauch; gibt es als Harz, Pulver oder Öl; sorgfältig dosieren! Passt zu Pilz- und Gemüsegerichten, aber auch gegrilltem und gebratenem Fleisch verleiht es eine besondere Note

Chorizo würzige, feste, grobkörnige, mit Paprika gewürzte spanische Wurst

Edamame Vegetarische Delikatesse im sommerlichen Japan; die noch grünen Sojabohnen in Hülsen sind sehr vitaminreich, werden in Salzwasser gekocht gegessen

Garam Masala Mischung aus bis zu zwölf trockenen gerösteten, gemahlenen Gewürzen, meist mit Zimt, Pfeffer, Koriander, Kreuzkümmel, Kardamom, Gewürznelken und entweder Muskatblüten oder -nuss

Gyoza- und Wantan-Blätter dünne halbmondförmige bzw. quadratische Teigblätter aus Weizenmehl-Ei-Teig

Granatapfelsirup konzentrierter Saft aus den Kernen des Granatapfels

Halloumi fester Käse, der in Salzlake reift; salzig kräftiger, an Feta erinnernder Geschmack; zerlassen hat er eine glatte, cremige Konsistenz

Hoisin-Sauce süßlich und kräftig schmeckende braune, dickflüssige Sauce, u.a. aus Sojasauce, Knoblauch, roten Bohnen und Chilis; man serviert sie zu Fleisch, aber auch als Füllung chinesischer Pfannkuchen

Kecap manis dickflüssige, dunkle Sojasauce mit süßlich-mildem Charakter aus der indonesischen Küche

Mirin aus Reisbranntwein (Shochu) hergestellte süße Gewürzsauce, alkoholhaltig

Naan-Brot flaches indisches Brot in Tränenform, wird gebacken und anschließend hellbraun gegrillt, warm oder heiß serviert

Palmzucker aus dem Saft einer bestimmten Zuckerpalme (Palmyrapalme) gewonnen, hellgelb bis braun, nicht so süß wie weißer Zucker, schmeckt leicht nach Karamel

Panko japanisches Paniermehl; weiße, große Krümel; wird sehr knusprig

Pappadum dünne frittierte indische Linsenfladen; schmecken gut zu Chutneys und Pickles; traditionell Beilage zur Hauptmahlzeit oder kleine Mahlzeit

Peppadews die südafrikanische Piquanté-Frucht, pikante kleine Früchte mit festem, saftigem Fleisch; süßsauer eingelegt oder mit Frischkäse gefüllt

Piquillo-Schoten 8–10 cm große tiefrote Paprikasorte aus Spanien, die auf einem Holzgrill geröstet und abgezogen werden; süßlich-würziger Geschmack, mit dem Aroma des Holzfeuers

Pimentón geräuchertes Paprikapulver aus La Vera (Spanien), Pimentón-Schoten werden über Eichenholzfeuer geräuchert; Geschmacksrichtungen dulce (mild) und picante (scharf)

Schalotten kleine, meist rötliche Zwiebeln, die feiner und milder als herkömmliche Zwiebeln sind, lassen sich aber durch diese ersetzen

Schwarzkümmel auch Schwarzer Sesam genannt, mit leichtem Pfeffer-Zwiebel-Geschmack

Sumak Gewürz aus der getrockneten, mittelfein zerkleinerten Frucht des Gerber- bzw. Essigbrotbaumes; schmeckt leicht säuerlich und wird vorwiegend rohen Speisen wie Salaten beigefügt

Tamarinde weiches, nussartiges bräunliches Fruchtmark mit herb-säuerlichem Geschmack, der an Zitronensaft erinnert (kann notfalls dadurch ersetzt werden); gepresst zu Platten oder als Püree im Glas erhältlich

Thai-Auberginen kleine Früchte so groß wie Erbsen gibt man im Ganzen zu den Speisen; die weißen, gelben oder grünen Früchte so groß wie Tischtennisbälle halbiert oder viertelt man

Tomatillos kleine, kugelförmige, grünlila Frucht, die von einer papiernen Hülle umschlossen wird, bei reifen Früchten ist diese aufgebrochen. Die Früchte sollten fest und hellgrün sein, herber Geschmack. Farbe und Geschmack sind der wichtigste kulinarische Vorzug dieser Früchte. Frische Tomatillos halten sich im Kühlschrank ca. 2 Wochen

Wasabi-Paste eine extrem scharfe Paste aus der grünen Wurzel des in Japan beheimateten Wasabi-Meerrettichs (es gibt sie auch als Pulver)

Wasserkastanien besonders in der chinesischen, japanischen und südostasiatischen Küche zu finden; haben nur äußerlich Ähnlichkeit mit unserer Kastanie; weißes, knackiges Fleisch, süßlicher Geschmack, wird wie ein Apfel geschält

Versand-Adressen

Verschiedene Küchen und Gewürze:
www.feinkostversand.de
www.gourmondo.de
www.taberna.de
www.donfinesse.de
www.dinsesculinarium.de
Asiatisch: www.india-food.de
www.indu-versand.de
www.asia-laden.de
www.asiafoodland.de
www.my-asia-shop.de
Japanisch: www.otsumami-land.com
Spanisch: www.tapas-culinar.de
www.spanien-feinkost.de
Mexikanisch: www.mex-al.de
Britisch und Amerikanisch:
www.british-american-food.de
Mediterran: www.gourmantis.de
Rund um Chilis: www.chili-shop24.de
www.pepperworldhotshop.de

Dank der Autorin Ein riesiges Dankeschön gilt der Team, das dieses Buch geschaffen hat. Dank an Mary-Clare Jerram, die meine Idee unterstützt und ihre Umsetzung ermöglicht hat; an Jenny Lane für i unermüdliches Projektmanagement und Lektorat – du bist eine wahre Diplomatin – und an Sara Robir Marianne Markham und Carole Ash für lange Stunc im Hintergrund, wenn es um das Design ging. Andr Barron: Vielen Dank für das tolle Design und dafür, dass du während der Fotosessions deinen Humor nicht verloren hast. Sian Irvine für ihre schönen Bild Lucy McKelvie und ihrem Assistenten Fergal für das Vorbereiten und Foodstyling.Großen Dank schulde i meinem Mann Patrick und meinen Söhnen Liam un Riley für ihre Geduld an so vielen durchgearbeiteten Wochenenden und ihre Bereitschaft, immer wieder neue Gerichte zu probieren. Dank auch an Jean Ha son, meine Schwägerin, für ihr tadelloses Lektorat und ihre Freundschaft. Ein großes Dankeschön geh an Emma Leech, Marcia Barrington, Victoria Blashford-Snell und Lorraine Wood für all die harte Arbeit und wertvollen Ideen beim Testen der Rezepte. Ros und Eric Treuille bei *Books for Cooks*: Danke für eur Hilfe am Anfang meiner Kochkarriere und eure fortdauernde Unterstützung. Ebenfalls vielen Dank an Camilla Scheiderman bei *Divertimenti* für ihre unend che Begeisterung für meine Kurse und Bücher und an Lindy Wifflen bei Ceramica Blue für die freundlich Leihgabe von Tellern und Schalen.

Dank des Verlags Der Verlag bedankt sich bei d Fotografin Sian Irvine und ihren Assistenten Byll Pu man und Leo Ackah, bei der Assistenzstylistin Cla Hunt, bei der Foodstylistin Lucy McKelvie und ihre Assistenten Fergal Connolly und Tanya Sadourin.

Bildrecht: Lottie Davies für das Autorinnenporträt auf dem Umschlag.